中世ヨーロッパにおける女と男

水田　英実
山代　宏道
中尾　佳行
地村　彰之
原野　　昇

溪水社

まえがき

　「女と男」は，中世ヨーロッパにかぎらず，天地開闢以来のテーマである。じじつ『創世記』の書き出しには，「始めに，神は天と地を造った」とあって，その直後にこう記されている。「神は自分にかたどって人を造った。人を神にかたどって造り，男と女とに造った。」（1章27節）万物と人類の歴史の最初に，あたかも世界創造の神秘を示すかのように，女と男が造られたと言われている。

　『イリアス』の中でホメロスが歌っているのは，古代ギリシア時代の半ば伝説的なトロイア戦争の物語である。トロイアの王子パリスがスパルタの王妃ヘレネを見初めて略奪したことが発端となって，10年の長きに及んで繰り広げられたこの戦争は，女と男の密やかな思いが，莫大な代償をものともしない行為の原動力となって，神々をも巻き込んでいったのである。

　敗れたトロイアを逃れた英雄アエネアスが，新しいトロイアとしてローマを建国する使命を担ってイタリアに向かう過程を描いたヴェルギリウスの『アエネイス』においても，漂着したアエネアスとの恋に落ちたカルタゴの女王ディドが，別れの時が来て自らを死に追いやる悲恋が語られる。この物語に夢中になっていた若き日を回想しながら，ディドの死を

悼むことはあっても、神から離れて死んでしまっていた自分自身をあわれに思うことがなかったと書いたのは、アウグスティヌス（『告白』第一巻）である。

この世に「女と男」が造られて以来、いまにいたるまで、様々な物語と歴史の展開があった。この多元性、異他性と同一性、合一と反発をめぐって様々な思索が行われた。尽きることのないテーマである。中世ヨーロッパにおいてはどうであったか。

広島大学ヨーロッパ中世研究会では、数年来の「中世ヨーロッパ文化の多元性」に関する共同研究の一環として、今回、「中世ヨーロッパにおける愛の諸相」という課題に取り組み、「女と男」に焦点をあててその成果をとりまとめ、シリーズの第7集として刊行することになった。焦点は「中世ヨーロッパにおける女と男」に定めたけれども、それぞれの問題意識は異なる。

収録した題目と概要は以下のとおりである。

「トマス・アクィナスによる幻の『雅歌註解』―『聖書』の中の男女の愛―」：トマス・アクィナスが死の床で記したとされる『雅歌註解』が伝わっている。ただし偽書である。しかし何故そのような伝承が生じえたのであろうか。幻の『雅歌註解』をめぐる考察を通して『聖書』に描かれた男女の愛について考える。（水田英実）

「アングロ＝ノルマン期イングランドにおける女と男」：女と男は歴史的につくられたとする立場から、中世ヨーロッパにおいて期待された男女像とその実態を探る。特に、アン

グロ＝ノルマン期のイングランド王やノルマンディー公たちの結婚と妻の社会的役割，宮廷での現実を分析する。（山代宏道）

　「チョーサーの『善女伝』に見る女と男 ― 女性像の曖昧性について ―」：『善女伝』は，女性の善・男性の悪を書くという前提で書き始められる。しかし，詩人の注意は次第に女性の弱さに引かれてゆく。チョーサーは女性を描くことで，生身の人間の割り切れなさを深くえぐり出している。（中尾佳行）

　「チョーサーの作品における男を支配する女たち ― グリセルダとバースの女房の場合 ―」：『カンタベリー物語』の「学僧の話」に登場する忍耐強いグリセルダと，物語の登場人物の一人である男勝りのバースの女房とその彼女が語る物語の中の老婆に焦点を当てて，両極端とも思われる二つの極端なタイプの女性像を追っていく。（地村彰之）

　「フランス中世文学にみる女と男」：物語（ロマン）に描かれた男女とファブリオ（笑話）に描かれたそれとの落差を手がかりに，フランス中世社会における現実と，文学におけるその反映をみると同時に，描かれた世界を通して中世人の心性を考える。（原野　昇）

目　　次

まえがき ……………………………………………… 1

トマス・アクィナスによる幻の『雅歌注解』
　　― 『聖書』の中の男女の愛 ―
　　　　　　　　　…………… 水田　英実… 9

アングロ＝ノルマン期イングランドにおける女と男
　　　　　　　　　…………… 山代　宏道… 41

チョーサーの『善女伝』に見る女と男
　　― 女性像の曖昧性について ―
　　　　　　　　　…………… 中尾　佳行… 75

チョーサーの作品における男を支配する女たち
　　― グリセルダとバースの女房の場合 ―
　　　　　　　　　…………… 地村　彰之… 105

フランス中世文学にみる女と男
　　　　　　　　　…………… 原野　　昇… 137

あとがき ……………………………………………… 185

Contents ……………………………………………… 187

著者紹介 ……………………………………………… 188

中世ヨーロッパにおける女と男

トマス・アクィナスによる
幻の『雅歌注解』
— 『聖書』の中の男女の愛 —

水 田 英 実

1．トマス・アクィナスによる『雅歌注解』

　トマス・アクィナス（Thomas Aquinas, 1224/5-1274）の伝記には，生涯の最後の時を迎えたトマスが，請われて死の床で『雅歌』の注釈を行ったという言い伝えを記載しているものが少なくない。

　1272年の春，パリ大学教授を辞したトマスはナポリに戻り，ドミニコ会の修道院で教鞭を執るようになる。当時の教皇グレゴリウス十世から第二リヨン公会議への出席を要請されるのは，翌1273年の復活祭の頃のことであった。

　〔補足〕リヨンで行われた第14回公会議は，ギリシア教会との一致を主要な課題の一つとして1274年5月7日から7月17日まで開催された。トマスの死後のことである。当時，東西の教会は神学上の問題で対立していた。コンスタンティノープル信経を採用した西方ラテン教会が，「と子から」Filioqueという表現を付加して「聖霊は父と子から発出する」と唱えたのに対して，東方ギリシア教会はこの付加を避けたからである。リヨン公会議においてギリシア教会の代表者は合同を

誓い，共同のミサ聖祭の中で「フィリオクェ（と子から）」の語を含む信経をラテン語とギリシア語で唱えている。トマスは，この公会議に先駆けて，教皇ウルバヌス四世の要請により『ギリシア人の誤謬を駁す』 *Contra errores Graecorum* (c.1263) と題する論文を著して，この問題を取り上げている。リヨン公会議への参加に際してもこの論文を持参することが求められていた。

同年暮のある日（1273年12月6日のことであるという），ミサの最中に不思議な体験をしたトマスは，以後それまでの精力的な著作活動を全く止めてしまう。不審に思って尋ねる同僚に対して，そのときに受けた啓示に較べたら，自分がこれまでに書いてきたことは「藁しべ」に過ぎないと答えたという。

年が明けて1274年1月末か2月初めに，トマスは病を押してナポリを発ち，リヨンに向かう。しかしナポリを出てすぐに倒れ，── この時代，ドミニコ会士は徒歩で旅行をするのが決まりであったにもかかわらず，このときトマスは乗っていた馬から落ちたとされるから，よほどの病気であったことが推察できる ── そのまま回復せず，ローマの南，フォッサ・ノヴァの修道院で死を迎えることになる（3月7日）。

このシトー会の修道院で，息を引き取る三日前に，世話をしてくれた修道士たちに請われて，トマスが『雅歌』について短い講釈を残したとされるのである。この記事は，最古の伝記と目されるギレルムス・デ・トッコによるトマス伝（C. Le Brun-Gouanvic, 《*Ystoria sancti Thomae de Aquino*》 *de Guillaume de Tocco(1323)*. Édition critique, introduction et notes, Toronto, Pontifical Institute of Medeival Studies,《Studies and Texts》127（1996）; *Id., L'Histoire de saint Thomas d'Aquin de Guillaume de Tocco*, Traduction française du dernier état du texte（1323），avec introduction et notes par C. Le Brun-Gouanvic, Paris（2005））の中に既に見出すことができる。

じっさい，古い著作目録においても，トマスの手になる『雅歌注解』*Super Cantica Canticorum* という書名が記録されている。トマス・アクィナスの死後まもない頃に行われた列聖調査に際して，カプアのバルトロメウスが作成した著作目録（Bartholomeus de Capua, *Testimonium in processu canonizationis Neapoli de libris quos dedit frater Thomas de Aquino*（1319））の中にこの『注解』の名を見出すことができるのである。

しかし著作目録に記された『注解』と死の床で行われた短い講釈が同一のものかどうかも不明である。それにもかかわらず，その後長い間，トマスに帰される聖書注解の一つとして，パリ大学その他で行ったいくつかの聖書注解のほかに，生涯の最後に記された『雅歌注解』なるものが存することが疑われることはなかった。事実，印刷されたトマス全集においても，現在刊行中の批判版全集であるレオニナ版（1882 s）以前のものは，パルマ版（1800）・ヴィヴェ版（1871-80）など，いずれも『雅歌注解』をトマスによる聖書注解の一つとして収録している。

ただし，近年の研究成果にもとづくならば，たとえばマン

ドネによるトマス文献目録では，聖書注解の一つとして『雅歌注解』 *In Cantica canticorum* を挙げているけれども，真作でないことを付記している (P.Mandonnet et J.Destrez, *Bibliographie Thomiste*. Deuximè édition revue et complétée par M.-D. Chenu, Paris (1960))。

トマスの名前を冠した『雅歌注解』は二つ現存している。もっともいずれも真作でない。一つは，14世紀のエギディウス・ロマーヌス (Aegidius de Roma, *Expositio in Canticum canticorum*. Textum Parmae 1863 editum.) に，もう一つは，9世紀のベネディクト会修道士オセールのハイモ (Haimo Altissiodorensis, *Expositio in Canticum canticorum*. Textum Parmae 1863 editum.) に帰せられるものであるという。

果たして，トマスによる真正の『雅歌注解』は存在するのか。その存在は，いまのところ，というより恐らく今後も，幻でしかない。

近年の研究者たちは，トマスの死後，14世紀初頭に行われた列聖調査に際して，トマスの死を看取ったはずの修道院長ニコラスやその他のシトー会修道士たちの中に，トマスの『雅歌注解』について証言したひとが誰もいないことを理由に，この『注解』の実在性には確証がないことを指摘する。

〔補足〕 cf. Jean-Pierre Torrell, *L'Initiation à Saint Thomas d'Aquin: Sa personne et son œuvre*, Paris, 1993. p.428; *Id.*, *Saint Thomas Aquinas, vol.1: The Person and his Work*, tr. by Robert Royal, (1996) p.292. トレルによれば，必ずし

もすべての著作目録に『雅歌注解』の名前が掲載されているわけではない。ワイスハイプルは、早い時期のすべての著作目録にこの『注解』の名前があるけれども、長短の記載がなく、病床での短い講釈と同一物か否か不明とする。cf. James A. Weisheiple, *Friar Thomas d'Aquino, His Life, Thought, and Works.* Oxford (1975) p.326.

トマスを見舞ったひとが伝える病状は、病床のトマスから深い信仰の言葉を聞くことができたであろうことを否定しないまでも、その重篤さから推して、『雅歌注解』を仕上げることができたとは考えにくいことを窺わせる。

『カトリック百科事典』(D.J. Kennedy, "Thomas Aquinas" in *The Catholic Encyclopedia*, Volume 14, 1912. Online Edition Copyright (c) 2003 by K. Knight.)に記載されたトマス・アクィナスの伝記にも、最後に「どうしてもという修道士たちの願いに答えて『雅歌』の短い注解を口述した」とある。典拠は明示されていないけれども、恐らく前掲のトッコによる伝記であろう。ちなみに1940-1960年に刊行された日本語版『カトリック大辞典』にはこの注解についての記載はない。これに対して、1996年から刊行が始まった『新カトリック大事典』は、トマス・アクィナスの項の中でこの注解に関する伝承の存在に言及している。古くからあるこの言い伝えの信憑性を容認するに足る理由が何かほかにあるのであろうか。

『雅歌』は旧約聖書の中でも異色のもので、若い男女が相互に交わす求愛の歌で構成されている。花嫁と花婿が登場

し，終始一貫，思いの丈を大胆な表現を用いて歌い続け，互いに相手を求め，焦がれる気持ちを告白し，ついに一つに結ばれるまでを歌っている。そこには周囲の誰にも止めることができない，はげしい情熱の言葉があふれている。対照的に，「神」やそれに類する宗教用語は全く出てこない。それにもかかわらず，若い男女が胸中のほとばしる感情に促されて交互に語る愛の賛歌の中に，神と人間の間の愛の比喩的意味があることを解き明かすべく，少なからぬキリスト教思想家たちが『雅歌注解』を著してきた。オリゲネスやベルナルドゥスらによる『雅歌注解』が存在することは周知の通りである。

　『雅歌』は，旧約聖書の中の一書としてキリスト教世界に引き継がれた愛の賛歌である。そればかりか，男女の愛を高らかに歌い上げた愛の賛歌として中世ヨーロッパを代表している。それがどうしてトマス・アクィナスによって死の床で講釈されたなどということになったのであろうか。しかもそれが，あり得る話として伝えられることになったのは何故であろうか。この点は，史実のみならず，史実とは別の次元でもはなはだ興味深い。

2. 教父たちによる『雅歌注解』

　ミーニュのいわゆる『教父集』 *Migne Patrologiae* には何人もの教父たちによる『雅歌注解』が収録されている。その中で，オリゲネス，ニュッサのグレゴリウスおよびクレルボーのベルナルドゥスの場合に，収録された著書において，

『雅歌』についてどのような注解を試みているか調べてみよう。いずれも邦訳が刊行されている。

(1) オリゲネス『雅歌注解』

オリゲネス (Origenes, c.185-c.254) は3世紀のギリシア教父である。『雅歌注解』 *Commentarium in Canticum Canticorum* と『雅歌講話』 *Homiliae in Canticum Canticorum* は，いずれも240年頃に書かれたとされ，それぞれルフィヌス (Rufinus, c.345-411) とヒエロニュムス (Hieronymus, c.345-420) によってラテン語に翻訳されている。オリゲネスの『雅歌注解』(Griechische christliche Schriftsteller, XXXIII (*Origenes Werke* VIII). Leipzig (1925); 小高毅訳，オリゲネス『雅歌注解・講話』キリスト教古典叢書10 (1982)) をみると，序文で次のように記している。

> この書は，祝婚歌(エピタラミオン)つまり婚礼をことほぐ歌であり，ソロモンの手で戯曲の形式で書かれたものと思われます。ソロモンは，神のロゴスである花婿に寄せる天の愛に燃え，花婿のもとにこし入れする花嫁になぞらえて，〔この歌を〕歌いあげます。この花嫁は，神のロゴスにかたどって造られた魂とも，教会ともとれますが，心から花婿に恋い焦がれています。同時に，この書は，この完璧無比の花婿がご自分に結ばれた魂あるいは教会にどのような言葉を向けておられるかをも，わたしたちに教えてくれます。(小高訳)

『歌の中の歌』とも題される『雅歌』には，花嫁に付き添う若い娘たちや花婿に付き添う若者たちが登場して，二人が結ばれるのをことほぐに際して，互いに神秘的な会話を交わ

しあいながら舞台が展開するところに特徴があるとも指摘している。その上で次のことに留意するように促す。

> ところで，初めに，次の点を了解していただきたいと思います。〔性に目覚めない〕少年の時代には恋愛が生じることはないのと同様，「内なる人」が幼稚な状態にある人には，本書の言葉に通暁することは許されません。そのような人とは，キリストのうちに，「堅い食物ではなく，乳」で養われている人，あるいは「うそのない理性の乳を慕い求め」始めたばかりの人のことです。『歌の歌』の語句に含まれた糧は，使徒〔パウロ〕の言う「成熟した人（完全な人）のための堅い食物」であり，「それを食べることができるように，善悪を見分けるため訓練された感覚を持っている」聞き手を求めています。（小高訳）

そのため本書は，「子供」には無益であり，無害でもありうる。ところが「肉」にしたがって生きている人は清い純真な耳で愛の言葉を聞くことができないので，少なからぬ危険を招くことになる。ヘブライ人の間でも，十分に成熟した年齢に達したものでなければ，本書を手にすることが許されなかったのも故なしとしない。オリゲネスは『雅歌注解』の序文でこのように述べて，内容の吟味にはいる前に，愛そのものの分析を行うとし，アガペーとエロースについて論じることから始めるのである。

なおここでオリゲネスがパウロの書簡から引用した一節は，『コリント人への第一の手紙』の中にある。

> 兄弟たち，それで，わたしもあなたがたには，「霊の人」に対するようにして話すことができず，「肉の人」，つまり，キリ

ストを信じることでは幼い子どもである人々に対するようにして話しました。わたしはあなたがたに乳を飲ませて、固い食物は与えませんでした。まだ食べることができなかったからです。今でもまだ食べることができません。まだ「肉の人」だからです。(フランシスコ会訳) *I ad Corinthios*, 3.1-2: Et ego, fratres, non potui vobis loqui quasi spiritualibus, sed quasi carnalibus: tanquam parvulis in Christo lac vobis potum dedi non escam, nondum enim poteratis; sed nec nunc quidem potestis, adhuc enim carnalesestis.

(2) ニュッサのグレゴリウス『雅歌講話』

　ニュッサのグレゴリウス (Gregorius Nyssenus, c.330-c.395) の『雅歌講話』(Gregorius Nussenus, *In Canticum Canticorum*. J.P.Migne (ed.), *Patrologia Graeca*, vol.44. Paris, (1858); *Gregorii Nysseni Opera*., vol.6, W.Jaeger (ed.), Leiden, (1960); 大森正樹他訳, ニュッサのグレゴリウス『雅歌講話』(1991)) は、オリゲネスの注釈と同様、『雅歌』が描く男女の愛を神と人間の間の愛として比喩的に解釈する系譜に属している。男女の間の愛が死をも超えるものであるところに、それが生命の源である神に由来することの証左を見出しているからである。

　グレゴリウスにとって、哲学において探求されるロゴスは、『ヨハネ福音書』の冒頭で「初めにロゴスがあった」と言われるロゴス、すなわち真理そのものであるロゴス・キリストに収斂する。ロゴス・キリストの招きに応じることによって魂のうちに生じる、神との一致を求める一途さをエペクタシス論として展開させたグレゴリウスは、「テキストの深い

流れを読みとる観想によって，言葉の奥に隠されている愛知 (philosophia) が顕になるように」（大森他訳，グレゴリウス『雅歌講話』プロロゴス）という願い応じて『雅歌』の注解を試みたのである。

(3) ベルナルドゥス『雅歌についての説教』

ベルナルドゥス (Bernardus, 1090-1153) はシトー会の隆盛をもたらしたひとである。クレルヴォーの修道院を創設してその修道院長となっている。「蜜流れる博士」Doctor Mellifluus とも呼ばれる。弁のたつ説教家として名を馳せ，第二回十字軍遠征に際して熱弁をふるったことが知られている。その著作は中世キリスト教神秘思想の白眉とされる。中でも『雅歌に関する説教集』*Sermones super Cantica Canticorum*（未完）は最も有名である。

この説教集（ベルナルドゥス『雅歌について』S. Bernardus, *Super Canticum Canticorum ad Fidum codicum recensuerunt J. Leclercq, C. H. Talbot, H. M. Rochais*, in *S. Bernardi Opera*, Vols.1,2. Romae (1957)；山下房三郎訳，(一)〜(四)，(1996)）において，ベルナルドゥスもまたオリゲネスと同様にパウロ書簡の一節を引用している。ちなみにパウロは『コリント人への第一の手紙』3章1〜2節と同様の思想を『ヘブライ人への手紙』の次の箇所にも記している。

> あなたがたは，今ごろはすでに教師になっているはずなのに，実際はもう一度，神のことばの初歩をだれかに学ぶ必要があります。あなたがたは，固い食物ではなく，乳を必要としています。まだ乳を飲んでいるような者はみな，幼な子で

すから，義の教えを味わうことができません。固い食物は，善悪を見分ける感覚を経験によって訓練された，おとなの摂るべきものです。(フランシスコ会訳) *Ad Hebraeos*, 5.12-14: Etenim, cum deberetis magistri esse propter tempus, rursum indigetis, ut vos doceamini quae sint elementa exordii sermonum Dei, et facti estis quibus lacte opus sit non solido cibo. Omnis enim qui lactis est particeps expers est sermonis iustitiae, parvulus enim est. Perfectorum autem est solidus cibus, eorum qui pro consuetudine exercitatos habent sensus ad discretionem boni ac mali.

霊の次元と肉の次元という二元性が考慮されていることは言うまでもない。

ベルナルドゥスによる『雅歌』の解釈もまた寓意的である。花婿をキリストに，花嫁を教会（時に自分自身）になぞらえている。じっさい『雅歌』に関するベルナルドゥスの説教には，オリゲネスの『雅歌注解』から影響を受けていることを示す個所が多数あることが確かめられている。

『雅歌』についての最初の説教において，ベルナルドゥスは冒頭でオリゲネスの『注解』と同様に，上記のパウロ『コリント人への第一の手紙』に言及して，その説教を次のように始めている。

兄弟のみなさん。世間の人にするような話を，あなたがたにしてはいけないと思います。少なくともあなたがたには，ちがった方式でお話ししなければなりません。世間の人には，使徒〔パウロ〕の教育法にしたがって（Ⅰコリ＊3・1〜2／ヘブ5・12〜14），かたい食物ではなく，ミルクしか与

えてはならないのです。使徒じしん，わたしたちもそうするようにと，自分の手本を示して，こういっています。「この賜物について話すには，人の知恵に教えられたことばを用いず，聖霊に教えられたことばを用います。聖霊のことは，聖霊をもって解くのです」（Iコリ2・13）。さらにまた，こうもいっています。「しかしわたしたちは，成年の間では，知恵を語ります（Iコリ2・6）。兄弟のみなさん。あなたがたも使徒パウロがここに言っているように，〔霊的生活においては〕既に"成人"に達していると，わたしは信じたいのです。あなたがたは長い〔修道生活の〕期間を通じて，超自然的真理の把握に努力してまいりました。そして夜となく昼となく，神のおしえをめい想してまいりました（詩1・1〜2）。みなさんの努力がけっして，むだでなかったと，わたしは信じたいのです。だから，もうミルクはやめにして，パンで養われるように〔心の〕用意をしなければなりません。ソロモンの〔書の〕中に〔あなたがたを養う〕パンがあります。真っ白な，美味しいパンです。わたしがこれからみなさんにお話ししようとしている，雅歌という名のパンです。お気に召したら，このパンをさいて，おあがりになってください。(山下訳; * 訳文中Iコリは『コリント人への第一の手紙』，ヘブは『ヘブライ人への手紙』，詩は『詩篇』の略号である。なお山下訳は誤ってIIコリと注記しているので訂正した。)

ベルナルドゥスは，第二の説教において『雅歌』の書き出し(1.2)にある「口づけ」を取り上げ，さまざまな意味があることを説明している。それによれば，旧約の太祖たちがキリストの来臨を熱望したことが，「口づけ」への切望にほかならない。預言者をとおしてではなく，ご自身の口から直接語って欲しいという切実な願いが表わされているというので

ある。第三の説教以下，さらに詳しく，神秘的な口づけの意味についての解説が続く。

3.『雅歌』(『歌の中の歌』または『ソロモンの歌』)

　『雅歌』が成立したのは紀元前4世紀頃と考えられている。正典として聖書の中に含まれているけれども，この一書についてはユダヤ教においてもいろいろ物議があったとされる。『雅歌』はヘブライ語でシール・ハッシーリーム(「歌の中の歌」the Song of Songs)，ラテン語でも同様の意味で，Canticum Canticorum と呼ばれてきた。邦訳聖書において用いられる『雅歌』の呼称は，中国語訳を踏襲したもので，女と男が相思相愛の言葉を交わすという内容に拠る名前である。「ソロモンの歌」Song of Solomon と呼ばれることもある。たしかにソロモンに託されているけれども，ソロモンは紀元前10世紀の人であるから，ソロモンを作者とするには時間的に無理がある。

　『雅歌』(以下の引用は，フランシスコ会聖書研究所訳注『聖書 原文校訂による コヘレト(伝道の書)，雅歌』(1981)による。)の内容をみると，最初に「ソロモンの雅歌」(1.1) という表題を記した後，「あの方が，わたしに熱い口づけをしてくださいますように。あなたの愛はぶどう酒よりも心地よい」(1.2) と花嫁が歌うところから始まっている。

　花嫁は，まわりの乙女たちと競うように言う。「エルサレムのおとめたち，わたしは黒いが美しい。」(1.5) そんなに見ないでください。「陽に焼けて」(1.6) いるのです。兄たちが

怒ってわたしにぶどう畑の見張りをさせました。羊の群れと共にいる花婿に話しかける。「わたしが心から愛する方、話してください。」(1.7)「なぜ、わたしはあなたの仲間たちの羊の群れのかたわらで、ベールで顔を覆った女のようにしていなければならないのですか。」（同）

まわりの乙女たちがはやし立てる歌をはさんで、花婿が歌う。「わたしの愛する者よ、わたしはあなたをファラオの戦車の雌馬にたとえよう。あなたの頬は、耳飾りで美しく、あなたの首は、宝石をちりばめた鎖で美しい。」(1.9-10) すると花嫁が芳しいナルド（若い男女が愛を深めるために用いた香油）の香りを放ちながら直截に答える。「わたしのいとしい方は、わたしにとって没薬の袋のようで、わたしの乳房の間で夜を過ごします。」(1.13)「ああ、わたしのいとしい方、あなたは何と美しく、何と慕わしい方でしょう。わたしたちの寝所は、緑でいっぱいです。」(1.16) パレスティナにはよくあるという、畑の木の下にこしらえた小屋で二人は出会うのであろうか。

〔花嫁〕「わたしはシャロンの水仙、谷間のゆり。」(2.1)

〔花婿〕「わたしの愛する者が、おとめたちの間にいるのは、あたかも、いばらの中のゆりの花のようだ。」(2.2)

〔花嫁〕「わたしのいとしい方が、若者たちの間におられるのは、あたかも林の木々に囲まれたりんごの木のようです。その蔭に座るのは、わたしの喜び、その実は、わたしの口に甘いのです。あの方は、わたしを酒宴の席に連れて行ってくださいました。わたしへの望みは愛でした。わたしをぶ

どう菓子で元気づけ，りんごで力づけてください。わたしは愛に病んでいるのです。あの方の左腕がわたしの頭の下に，あの方の右腕がわたしを抱いてくださっています。」(2.3-7)

「わたしは夜，ふしどの中でも，心から愛する方を捜しました。あの方は捜しても見あたりませんでした。— さあ，わたしは起きて，町を歩き回り，あらゆる通りや広場で，心から愛する方を捜してきましょう。— それなのに，わたしはあの方を見つけだしませんでした。町を見回る夜警たちが，わたしを見つけました。— わたしの心から愛する方をみかけませんでしたか。— 夜警たちの所を過ぎると間もなく，わたしは心から愛する方をみつけました。わたしは彼をしっかりつかまえて放しませんでした。わたしの母の家に，わたしをみごもった母の寝室に，お連れするまで。」(3.1-4)

〔花婿〕「わたしの愛する者。あなたは何と美しい方か。何と美しい方か。ベールの奥のあなたの目は鳩のようだ。あなたの髪はギレアデの山から下って来るやぎの群れのようだ。」(4.1)

「あなたの唇は紅の糸。あなたの口元は愛らしい。」(4.3)

「あなたの二つの乳房は二頭の子鹿，ゆりの花の草をはむかもしかのふたごのようだ。昼のそよ風が吹き始め，やみが消え失せないうちに，わたしは没薬の山，乳香の丘に行こう。」(4.5-6)

「わたしの妹，わたしの花嫁は，閉じられた庭，閉じられた水源，封じられた泉。」(4.12)

〔花嫁〕「わたしは庭の泉，湧き出る井戸。レバノンから

下る流れ。北風よ，起きなさい。南風よ，おいでなさい。わたしの庭に吹き，その香りをあたりに漂わしてください。わたしのいとしい方が，庭に入り，その最上の実を食べますように。」(4.15-16)

〔花婿〕「高貴な方の娘よ。サンダルを履いているあなたの足は，何と美しいのだろうか。あなたの丸みを帯びたももは，名工の手作りの輪のようだ。あなたのほぞは，混ぜ合わせたぶどう酒を，いつもたたえている丸い杯。あなたの腹は，ゆりの花で囲まれた小麦の山。」(7.2-3)

〔花嫁〕「わたしはあなたを導いて，わたしの母の家にお連れしましょう。あなたは，わたしに愛の神秘を教えてくださるでしょう。わたしは，あなたに香料入りのぶどう酒と，ざくろの果汁を飲ませてあげましょう。あの方の左腕がわたしの頭の下に，あの方の右腕がわたしを抱いてくださっています。」(8.2-3)

若いカップルは，交互に繰り返しこみ上げる思いを口にし続ける。最後に花嫁が，「わたしを印形のように，あなたの胸につけていてください。愛は死のように強く，嫉妬は地獄のように無慈悲だからです。」(8.6)「大水もその愛を消すことはできず，激流もその愛を押し流すことはできません。もし，人が自分の全財産を投げ出して，愛を手におさめようとしても，ただあざけりを受けるだけです。」(8.7) と歌って結ぶ。

そこには「神」の名も「イスラエル」の名も一度も用いられていない。そのために単なる通俗的な恋愛詩として蔑視

され，聖書の中に含めることは適当でないという評価もあり得た。はたして『雅歌』は，男女が交わす歌になぞらえて，神とイスラエルの間の愛を歌ったものであるから，最も神聖な歌として「歌の中の歌」と名付けられたのであろうか。このような解釈は古代から中世にかけて行われてきた。もっとも，このような仕方で寓意的に解釈することをうながす直接的な記述は『雅歌』の中のどこにもない。

4．女・男／人・神

　『雅歌』はユダヤ教においてもキリスト教においても常にその正典性が認められてきた。ヤムニア会議（90年に開催されたユダヤ人の会議）において，正典性を疑う発言があったけれども，その発言は明瞭に否定されている。ユダヤ教の正典目録の第三区分（諸書）の中に位置づけられており，マソラ本でも五つのメギロト（巻物）の第一に置かれている。七十人訳（ギリシア語訳）は，知恵文学の中に置いている。ヴルガタ訳（ラテン語訳）もそれにならっている。

　キリスト教においては第二コンスタンティノープル公会議（553年）のときに『雅歌』の正典性を疑わせる見解（モプスエスティアのテオドルス（350-428）は『雅歌』はソロモンとそのエジプト人の妻の愛を歌っているとした。ただし神感によって書かれたものであることを否定したかどうかという点は明らかでない。）が謬説として排除されているけれども，それより先，ローマ教会会議（382年）による『ダマススの教令』において示された正典目録の中に『雅歌』の名前

がある。カルタゴ教会会議（397年）以降も排除されることはなかった。トレント公会議第四総会（1546年）において確認された正典目録の中に『雅歌』が含まれていることはいうまでもない。

〔補足〕H.Denzinger, *Enchiridion Symbolorum definitionum et declarationum de rebus fidei et morum*, Roma, (1976) p.365 による。これを邦訳した，A・ジンマーマン監修，浜寛五郎訳『カトリック教会文書資料集』(1974) p.270 は『雅歌』を含むいくつかの書名を脱落させているけれども，誤訳である。

教会公認であるか否かは，「教会の受け入れ（ex Ecclesiae receptione）」によることであるから，正典性の根拠もまたそこに求めることができるであろう。それとは別に，聖書を聖書以外の書物から区別する原理は，「聖書は神の霊感による（Scriptura divinitus inspirata）」ところにある。しかしそうすると，「他の文書が人間理性を通して伝えられるのに対して，聖書は神のものである」と言えるであろうけれども，「真であるものはすべて，誰によって語られるかを問わず，すべて聖霊によるものであるとした場合，他のすべての書物が神の霊感によるものではない」ということを主張できるのかという問題が生じる。

〔補足〕トマス・アクィナスが「正典」について論じた箇所が，次の『テモテへの第二の手紙注解』の中にある。Thomas Aquinas, *Super secundum epistoram ad Timotheum lectura*, c.3, lect.3 in *Super epistolas s.Pauli lectura*, cura P.Raphaelis Cai, vol.2. Marietti (1953) ; cf. 水田英実「トマス哲学と聖

書」(『中世思想研究』41, pp.115-122.（1999））

　こういう問題が生じうることを想定して，トマス・アクィナスは，「神の業」を二つに分けた上で次のように答えている。一つはたとえば奇跡のように，神自身のなすこととして直接的に行われる。もう一つは自然のなすこととしていわば二次的原因を介して間接的に行われることがらである。後者は自然の作用の所産である。この区別に対応させて，神は二様の仕方で人間に知識を与えるという。聖書を通して直接的に教えるとともに，他の書物を通して間接的に教えるというのである。これによれば，聖書の啓示によって知られることも自然についてのさまざまな書物を通して知りうることも，究極的に神に由来していることになる。これと同じ論点は，トマスの『神学大全』の最初の設問において，人間の理解の及ばないことについても理解の及ぶことについても，神の啓示によって知ることができるという仕方で取り上げられている。

　男女のことを描いた聖書はほかにもある。たとえば『ホセア書』（フランシスコ会聖書研究所『ホセア書―聖書原文からの批判的口語訳』（1964））は結婚した男女の問題を取り上げている。子供が三人いる夫婦の間で，妻に逃げられた夫が，娼婦に身を落とした妻を買い戻す話である。しかしそこにははっきりと神とイスラエルの民の関係の寓意であることが記述されている。神に愛されていながら神を裏切った民を，神は愛し続けて救い出すという歴史が語られているので

ある。『ホセア書』の内容は、預言者ホセア自身が現実に体験したことであるのか、幻にみた話であるのか。おそらく前者であろう。それに対して『雅歌』には、そこに描かれた男女の物語は現実か虚構かという問題のほかに、字句上、これが民を愛する神と神に愛された民の関係の寓意であることを明示した表現をどこにも見出すことができないという難題も伴っている。

それにもかかわらず、『雅歌』は正典として扱われ、他からの強制ではなく、互いの自由な意志によって動かされた若い二人の間の、いわばごく自然な物語を、神と人の関係の寓意とする読み方が許容されてきた。この読み方は、自然と聖書に関するトマス自身の見解とも重なる。

トマスによる幻の『雅歌注解』は、あくまでも幻でしかない。しかし、想い合う男女の間も含めて、自然のすべてを肯定する視点から『雅歌』を読むことは、若さと性を謳歌する露骨なまでのなまめかしく赤裸な記述を一つ一つ取り上げるまでもなく、『神学大全』の著者にとってコントラストの極にある。死の床において、やつれ果てた身体との架空の対照において、最愛の存在として神を讃美し、探求しつづけたトマスに、永遠の生における憩いを垣間見る精神の力強さを感じさせるからである。『神学大全』(Thomas Aquinas, *Summa theologiae*, I, prol.; 高田三郎訳、トマス・アクィナス『神学大全』第1冊 (1960)) の序言には、トマス自身によって次のように記されている。

公教的真理の教授の位置にある者は，学の進んだひとびとに教える務を有するにとどまらない。さらに初学者たちを教導することもまた，その任務に属しているのであって，それはあたかも使徒の，「私はあなたがたをキリストにおける小児と考え，乳を飲ませて，堅い食物は与えなかった」という『コリント人への第一書簡』第三章の言のごとくでなくてはならぬ。(高田訳)

じっさい，『創世記』第一章（フランシスコ会聖書研究所『創世記—聖書原文からの批判的口語訳』(1958年)）における人間の創造は，男女の創造として語られている。

次に神は，「われわれにかたどり，われわれに似せて人を造ろう。そして人に，海の魚，空の鳥，家畜，野のすべての獣，地をはうすべてのものを治めさせよう」と言われた。神はご自身にかたどって人を造られた。人を神にかたどって造り，男と女とに造られた。神は彼らを祝福して言われた，「生めよ，ふえよ，地に満ちよ，そして地を従わせよ。海の魚，空の鳥，地をはうすべての生き物を治めよ。」(Gen. 1.26-28; なお文中の「われわれ」について，フランシスコ会聖書研究所訳注は，「この複数についてはいろいろの説がある。」とし，(1) 神がご自身と相談された，(2) 尊厳複数，(3) 天使たちへの発表，(4) 教父たちは聖三位のことと解釈した，と注記している。）

もっともパウロによる『ガラテア人への手紙』には，キリストへの信仰によって一致し，「キリストを着ている」(3.26-27) 人たちについて —— 『ローマ人への手紙』にも，「主キリストを身にまといなさい。欲望をかなえさせようと，「肉」

のために心を煩わせてはいけません」(Rom. 13.14; フランシスコ会訳) と記されていて, 類似の思想が示されている, ——「そこにはもはや, ユダヤ人もギリシア人もなく, 奴隷も自由人もなく, 男も女もありません。」(3.28) とされる。トマスの『ガラテア人への手紙注解』 (Thomas Aq., *Super epistolam ad Galatas lectura*, c.3, 1.9.) によれば, 洗礼を受けてキリストと一つになり, 等しくアブラハムの「子孫」として約束の恵みを受け継ぐ点で, 人々の間の文化的・社会的相違が問われることはない。性の相違も何ら問題にならないのである。

トマス・アクィナスによる『創世記注解』も存在しない。しかし万物の原因としての神の存在論証から始まる『神学大全』やその他の著作が十分に代役を果たしている。『雅歌』を通して告げられた聖書の中の男女の愛についても, トマスは既に他の著作の中で十分に語り, 注釈しているということができよう。むろん小児にふさわしい乳を与えることとしてであった。消化不良をおこす堅い食物としてではなかったのである。

5. 神を捉える

ところで『神学大全』第一部の中に, 「神を本質によって見るものは神を把握するか (Utrum videntes Deum per essentiam ipsum comprehendant.)」という設問 (第12問第7項) がある。この設問において, トマスは, 神を捉えることないし神の本質を完全に了解するということをめぐって事細かな議論を展開している。三つの異論のうちの第一の異論に

対する解答において,『雅歌』の中の次の一節 (3 章 4 節) から下線部を引用している。

> わたしは心から愛する方を見つけました。わたしは, 彼をしっかりつかまえて放しませんでした (tenui eum, nec dimittam)。わたしの母の家に, わたしをみごもった母の寝室に, お連れするまで。(フランシスコ会訳)

〔補足〕 この一節について, フランシスコ会聖書研究所訳注には次のような説明がある。「しっかりつかまえ」というHe の動詞は, 力ずくでつかまえるのではなく, 愛を示すために手を握るとか, 胸に抱くことを意味する (詩 73_{23} 139_{10} 参照)。「お連れする」。結婚の日に, 花婿は花嫁を自分の家に連れて行く習慣があった。すなわち, 花婿はきれいな冠をかぶり (イザヤ 61_{10} 参照), 友人たちと歌い, 琴をかき鳴らしながら, 花嫁の家に行き, 豪華な着物を着, 宝石で身を飾り (詩 45_{14-15}), ベールで顔を覆っている花嫁を迎え, 花嫁の友人たちを伴って自分の家に行く。しかし, ここでは, その逆に, 花婿に対する熱愛を示して, 花嫁は, 自分の家に花婿を連れて行く。愛はあらゆる習慣を乗り越えるものである。

そもそもトマス・アクィナスは, この設問において何を論じようとしているのであろうか。議論を展開するに際して, 三つの異論が揃って主張していることから明らかなように, 一方には, われわれにとって神を捉えることは可能と考える人たちがいる。他方しかし, 反対異論は『エレミア書』(32 章 18-19 節) を典拠として, それは不可能であると答える。そこには「最強にして, 偉大な者, 力のある者。あなたの名は万軍の主。はかりごとは壮大であり, 思いは捉えることができない。

(Fortissime, magne et potens, Dominus exercituum nomen tibi; magnus consilio, et incomprehensibilis cogitatu.)」と書かれているからである。

　一方，神を捉えることができると主張する異論の中で，第一の異論は，パウロの『フィリピ人への手紙』(3章12節) から「とにかくわたしは，なんとかして捉えようとしている。(sequor autem si quo modo comprehendam.)」という一節を引用し，そこに記された望みが叶わないはずがない以上，パウロやパウロの勧めに応じた人たちは神を捉えるにいたると結論づける。これら両様の主張の間にあって，トマスは次のように論ずる。

　まず，「神を把握する」ということは「いかなる被造的知性（人間知性のみならず天使的知性を含む）にとっても不可能」である。というより，「精神によってなんらかの仕方で神に触れる」ことができるならば，それこそは「大きな至福」（アウグスティヌス『書簡』112 ）であると言わなければならない。その理由は，次の点に存している。「把握される」ためには「完全に認識される」ことを要するけれども，そのためには「認識されうるかぎりにおいて認識される」のでなければならない。たとえば「三角形における三つの内角の和は二直角に等しい」ことを論証によって知るひとは，それを「把握している」けれども，知恵のある人を含めて，皆がそのように言っているからという理由で，そうなのであろうとみなすだけであれば，完全な認識を有していないから，「把握していると言えない」。

ところで，いかなる被造的知性にとっても，神の本質を認識可能なかぎりにおいて完全に認識することはできない。それは次の理由による。「現実に存在しているものは，そのかぎりにおいて，認識可能であるから，無限の存在を有する神は，無限の仕方で認識可能である。」しかし被造的知性にとって無限の仕方で神を認識することは不可能である。被造的知性は，大なり小なりの「栄光の光」lumen gloria を注がれることによって，大なり小なりの完全性をもって神の本質を認識しうるにしても，被造的知性が受け取る「栄光の光」は無限ではない。したがっていかなる被造的知性であっても，神を無限に認識するまでに至ることはない。この意味で，われわれが「神を把握する」ことは不可能である。

「神を把握する」ということが，神の本質を完全に了解することを意味するかぎり，その可能性は明瞭に否定されなければならなかった。しかし，広義において「神を捉える」ことを意味する場合には，その可能性を肯定する余地があったのである。先に指摘したように，この解答の中に『雅歌』からの引用が見られる。

以下に示すように，第一異論に対するトマスの解答は，詳細にわたるものであるけれども，同じ趣旨の解釈は，『フィリピ人への手紙注解』の該当個所（執筆時期は第二パリ時代（1269）とされるから，『神学大全』第1部（1265-1268）よりも遅い。）にも見出しうることを付記しておく。そこでも『雅歌』の同じ一節を引いていることは言うまでもない。「彼を捉える」という『雅歌』の原文が，『神学大全』では「神を

捉える」と解釈され,『フィリピ人への手紙注解』においてもやはり，神であるキリストを捉えることがいかなる意味で可能かということを論じる文脈の中で引用されている。

『フィリピ人への手紙』においてパウロは，キリストに結ばれた者として，ひたすら「キリストを知り，キリストの苦しみや死と一致して，完全に復活した者となること」（フランシスコ会聖書研究所訳注）を追い求めていると述べる。目指すところをしっかり捕らえようと努めているけれども，そのためにこそ，自分はキリストに捕らえられたのであるとも記している。この一節を注解するにあたって，トマスは『雅歌』の上記の箇所を引用する。それは，ここでも「なんとかして捉えようとして追い求める」ことが徒労に終わらないのは,『雅歌』に「私は彼を捉えた。もう離さない」と記されているように，「捉える」ということを「触れる」という意味に理解することができるからである（Et ideo dicit sequor si quo modo comprehendam, hoc intelligendo secundo modo, scilicet attingendo. Cant. ult.: tenui eum, nec dimittam, et cetera. *In Cant.* c.3, lect.2.）。このように解釈することによって，人間知性の有限性を踏まえた上で，無限の存在である「神を捉える」ことができると言うことが可能になるからであった。いずれにせよ，人と神（キリスト）の間／女と男の間に存する，自と他の別を維持した上での合一に向かう愛の極意が説かれる。

　　それゆえ一〔第一異論〕についてはいわなければならない。
　「把握」ということは，二様の意味で語られる。一つは，或

るものが把握者のうちに包含されることであって、これは厳密で本来的な意味である。この意味では神は、知性によっても、あるいは何か他のものによっても、けっして把握されない。神は無限であるから、何か有限なるものが、無限に在るままの神を無限に把えるというような仕方で、何らかの有限なるもののうちに包含されることはできない。しかるに今問題とされているのは、そのような意味での把握なのである。

　もう一つ、「把握」ということは、「追求」に対するものとして、広い意味にとられる。すなわち或る者に達した人が、既にその者を保持しているとき、把握しているといわれる。この意味では、『雅歌』第三章〔四節〕に、「私は既に神を把えた、離すまい」とあるように、神は至福者たちによって把握されているのである。また、使徒からの引用個所における「把握」も、その意味に解される。

　またこの意味での「把握」は、魂の三つの贈物の一つであって、直観が信仰に、享受が愛に対応するように、希望に対応するものである。じっさい、現世のわれわれの間では、見られるものがすべて、既に把えられ所有されているとはかぎらない。遠く距たったものや、われわれの力のおよばないものが見られることもしばしばある。またわれわれは、所有しているものをことごとく享受するわけでもない。われわれはすべてのものにおいて喜ぶわけではないし、またそれらのものは、われわれの熱望が満たされ憩うような、熱望の究極目的でもないのである。しかるにこの三者を、至福者たちは神において所有する。すなわち彼らは神を見、見ながら現前する者としてこれを把え、いつも神を見る力を有し、また把えながら、熱望を満たす究極目的としてこれを享受しているのである。（山田晶訳『トマス・アクィナス神学大全』p.344）

参考文献

Aegidius de Roma. *Expositio in Canticum canticorum*. Textum Parmae 1863 editum. in R. Busa, *Indici Thomistici Supplementum* vol.7, (1980)

Bernardus. *Super Canticum Canticorum ad Fidum codicum recensuerunt J.Leclercq, C.H.Talbot, H.M.Rochais*, in *S. Bernardi Opera*, Vols.1,2. Romae, (1957)

ベルナルドゥス『雅歌について』(一) 山下房三郎訳, あかし書房 (1996).

Biblia Sacra iuxta Vulgatam Clementinam, nova editio, curavit A.Gramatica, (1959)

『聖書』フランシスコ会聖書研究所訳注,『創世記』(1958),『ホセア書』(1964),『コヘレト (伝道の書),『雅歌』(1981),『ローマ人への手紙』(1958),『ガラテア人への手紙』(1973),『ヘブライ人への手紙』(1975),『コリント人への第一の手紙』(1977),『フィリピ人への手紙』(1978)

Busa, R.(ed.) *S.Thomae Aquinatis Opera Omnia, Indici Thomistici Supplementum* vol.7, Frommann-Holzboog (1980)

Denzinger, H. *Enchiridion Symbolorum definitionum et declarationum de rebus fidei et morum*, (Roma, 1976)

デンツィンガー・シェーンメッツァー『カトリック教会文書資料集』A. ジンマーマン 監修, 浜寛五郎訳, エンデルレ書店 (1974)

Gregorius Nussenus. *In Canticum Canticorum*, J.P.Migne ed. *Patrologia Graeca*. vol.44 (Paris, 1858)

グレゴリウス (ニュッサの) 『雅歌講話』大森正樹他訳, 新世社 (1991)

Haimo Altissiodorensis. *Expositio in Canticum canticorum*. Textum Parmae 1863 editum. in R. Busa, *Indici Thomistici Supplementum* vol.7 (1980)

『カトリック大辞典』上智大学編, 冨山房 (1940-1960)

Kennedy, D.J. "Thomas Aquinas" in *The Catholic Encyclopedia*, Volume 14, 1912. Online Edition Copyright (c) 2003 by K. Knight.

Le Brun-Gouanvic, C. 《*Ystoria sancti Thomae de Aquino*》 *de Guillaume de Tocco(1323)*. Édition critique, introduction et notes, Toronto, Pontifical Institute of Medeival Studies, 《Studies and Texts》 127, (1996)

Le Brun-Gouanvic, C. *L'Histoire de saint Thomas d'Aquin de Guillaume de Tocco*, Traduction française du dernier état du texte (1323), avec introduction et notes par C. Le Brun-Gouanvic, (Paris, 2005)

Mandonnet,P. et Destrez,J. *Bibliographie Thomiste*. Deuximè édition revue et complétée par M.-D. Chenu, (Paris, 1960)

水田英実「トマス哲学と聖書」,『中世思想研究』41, (1999) pp.115-122.

Origenes. *Commentarium in Canticum Canticorum*, in Griechische christliche Schriftsteller, XXXIII (*Origenes Werke* VIII), (Leipzig, 1925)

オリゲネス『雅歌注解・講話』小高毅訳, キリスト教古典叢書 10, 創文社 (1982)

『新カトリック大事典』新カトリック大事典編纂委員会編 (1996 s)

Thomas Aquinas. *Summa theologiae*, Pars Prima et Prima Secundae, cura et studio Sac. Petri Caramello, Marietti (1952)

トマス・アクィナス『神学大全』第1冊, 高田三郎訳, 創文社 (1960)

トマス・アクィナス『神学大全』山田晶訳, 世界の名著 続 5, 中央公論社 (1975)

Thomas Aquinas. *Super epistolam ad Galatas lectura*, in *Super epistolas s.Pauli lectura*, cura P.Raphaelis Cai, vol.1. Marietti (1953)

Thomas Aquinas. *Super epistoram ad Philippenses lectura*, in *Super epistolas s. Pauli lectura*, cura P. Raphaelis Cai, vol.2. Marietti (1953)

Thomas Aquinas. *Super secundum epistoram ad Timotheum lectura*, in *Super epistolas s. Pauli lectura*, cura P. Raphaelis Cai, vol.2. Marietti (1953)

Thomas Aquinas. *Contra errores Graecorum*, in *Opuscula Theologica*, cura et studio P. Raymundi A. Verardo, vol.1. Marietti (1954)

Torrell, Jean-Pierre. *L'Initiation á Saint Thomas d'Aquin: Sa personne et son œuvre*, (Paris, 1993)

Torrell, Jean-Pierre. *Saint Thomas Aquinas, vol.1: The Person and his Work*, tr. by Robert Royal, The Catholic University of America Press (1996)

Weisheipl, James A. *Friar Thomas d'Aquino, His Life, Thought, and Works.* (Oxford, 1975)

アングロ＝ノルマン期イングランドにおける女と男

山代　宏道

はじめに

本章では,「女と男が歴史的につくられた」とする立場から，中世ヨーロッパ社会において期待された男女像とその実態を探る。「男らしさ」と「女らしさ」の議論，また，同時代の結婚観，特に，支配者の妻に期待された社会的役割，ついでアングロ＝ノルマン期のイングランド王，王妃，ノルマンディー公たちの結婚の実態を明らかにし，さいごに，史料が批判的に語る宮廷での性愛関係を手がかりにして，中世ヨーロッパにおける女と男の理想と現実の一端を明らかにしていく。

1. 女と男はつくられた

(1) 男らしさと女らしさ

中世ヨーロッパにおけるノルマン人の拡大は，女性中世史家 S. スキナー（Skinner）によると，かれらの特質ともいえる「男らしさ（masculinity）」についての議論を引き起こすことになった。そのことは，ノルマン人たちが「男らしさ」

を重視していたことを示しているが、言い換えれば、「女らしさ」の議論を引き起こすことにもなったはずである。ところが、中世社会における女性たちの重要性は、F. バーロー (Barlow) が指摘するように、修道士が多かった年代記作者あるいは歴史家たちが、活発な女性たちを「邪悪」であると考えがちであったがゆえに、しばしば低く評価されているのである。

オックスフォード大学の歴史学教授 O. ハフトン (Hufton) は、歴史上、男女はつくられたと考えている。宗教は文化に内在すると同時に、文化を生産するものである。男性と女性というのは生まれつきのものではなく作られたものであり、西洋におけるその形成過程において、宗教的信仰がその中心に位置していた。

女性と男性はつくられたものとみなす女性史家ハフトンは、男女をつくりだす過程において宗教がもっていた大きな影響力に注目している。アダムとイヴの物語によって、女性は誘惑する性、だまされやすく、より罪深い性とみなされた。女性は教会のなかで沈黙して座り、男性の支配下にあって、出産の痛みに苦しむ存在であるとされた。12世紀には、女性は魂をもっているかどうかの論争さえ生じたといわれる。

こうしてみると、結婚と愛情や恋愛をめぐっても、男女のカップル、すなわち一夫一妻制に対するキリスト教的影響は大きく、それによってつくられた性的関係のみが受容されたようである。

ハフトンによれば、中世の厳しい説教範例集のような文献

は，男女間の愛の上に神への義務を置き，合法的な子作りに向かわないすべての性的行動を禁じていた。それは，教会による性的統制であり，結婚を教会の中に取り込むことを意図していたと言えよう。彼女は，さらにすすんで，結婚とは教会が性的な関係を規制し合法化するように統制してきた制度であり，ある男の権威からもう一人の男のそれへの女性の移動であり，共同体の歴史のなかに新しい単位（カップル）が誕生したことを記録する儀礼であったと言明している。

(2) 夫と妻

　中世ヨーロッパの国王や君侯たちにとっての結婚の重要性はどのようなものであったのであろうか。国王にとって結婚すべき大きな社会的プレシャーが存在していた。それは，以下のような結婚の必要性があったからである。妻は夫に縁組（同盟）や持参金をもたらした。たとえば，ドイツ王ハインリヒ5世にとってのイングランド王女マティルダがもたらした持参金はローマ遠征を可能にした。また，ノルマンディー公ロバートは，ノルマン人女性 Sybil of Coversano と南イタリアのアプリアで結婚したが，M. チブノール（Chibnall）によると，彼女の持参金はウィリアム2世への借金を返済するのの十分であったようである。また，結婚により妻が産んだ子供たち，夫が不在や無能であった場合の代理人としての行動ゆえに，妻が必要とされたのである。

　バーローは，妻（王妃）の役割として，夫のハウスホールド（家政）を治めること，宮廷の儀式的側面をアレンジすること，客たちの世話をすること，施物を分配すること，ハウ

スホールド構成員の恭順（敬虔）を維持すること，そして，宮廷で訓育されている他の子供たちの「母親」であることを挙げている。

ノルマンディーのサン＝テヴルー修道院の修道士で歴史家でもあるオルデリック＝ヴィターリス（Orderic Vitalis）は，主君の宮廷における奥方（lady）の社会的役割に関する事例を紹介している。かれは，Isabel of Tosny（Evreaux 北東，セーヌ河岸）が，エヴルー南西のコンシュ（Conches）城のホールで，彼女の騎士たちといっしょに，男たちのようにゲームをしたり，いろいろの事柄，すなわち，かれらの夢や人生の意義について話し合っていた場面を伝えている。主君の妻はまた，祝祭儀礼において彼女の役割を演じた。ホスピタリティー（もてなし）やテーブル儀礼が非常に重要であったこの時代では，彼女のサービスの有無は，バーローが注目するように，その場の雰囲気に大きく影響を及ぼしたはずである。

2．中世の結婚

(1) 結婚観

現代では，中世の政略結婚が悲劇であったとみなされがちであるが，そのことは再考されるべきではあるまいか。現代世界でも，政略結婚が支配的である地域や階層は存在している。また，中世ヨーロッパの男女の結婚について，男が優位であり，女は政略結婚により運命を翻弄されたと言われることがある。たとえば，ヘンリー1世の娘マティルダは，12才

でドイツ王（皇帝）と結婚し，夫の死後，帰国させられ，その後アンジュー伯と再婚させられたとしてその悲劇性が強調されたりする。しかし，政略結婚は男女とも同様にその運命を左右したと考えるべきではないか。

　結婚の影響は男の場合と女の場合とでは相違するのか，あるいは類似しているのかという視点から問題を検討することができるが，政略結婚により運命が左右された事情は男も女と同様であったのではないか。たとえば，アングロ＝サクソンの有力なゴドウィン家の娘エディスと結婚したエドワード証聖王や，ウィリアム１世の姪と結婚したアングロ＝サクソン人貴族ワルセオフなどの場合，かれらの運命は結婚により大きく影響されたと言えよう。

　中世の貴族間の結婚は確かに政略結婚であったが，これによって女性だけが不幸だったとは言い難い。木村尚三郎氏が述べているように，男のほうだって，希望しない女性との結婚を強制される可能性が大きかったのだから，不幸なのはおなじである。

　政略結婚が悲劇であったかどうかを検討する余地は残されているが，むしろ，中世の結婚は契約関係であったと性格づけることができるのではあるまいか。結婚は，当事者双方にとって同盟（相互支援）と持参金をもたらすことが主たる目的であった。この認識は，現在でも継続している可能性がある。木村氏は，夫婦とは婚姻契約で結ばれた「他人同士」で，いつまた契約が解消されるか分からず，互いに相手の権利と意志を尊重しつつ生活しているということであると定義して

いる。

　もし結婚が契約関係であるとすると，それはだれとだれとの契約かが問題となるであろう。また，契約が成立するためには家族であれ個人であれ対等な関係が前提となる。木村氏は，近代と比較しながら，中世ヨーロッパにおける男女の法的な地位ないし能力という点での対等性を示唆している。たとえば，貴族の家柄で，封土を継承すべき男の嫡出子がいない場合に娘が親の封土を継ぐことができたことや，法廷決闘で，貴族女性が武器を取って男と戦う権利すら認められていたことなどを挙げている。

　いま，南イタリアにおける事例であるが，有力ノルマン人と結婚した女性に関するスキナーの研究を取り上げてみることで，男女の対等性に関する問題を考察したい。

　モンテ＝カシノ修道士でノルマン人に関する歴史叙述を残したアマトゥスは，サレルノ伯女でロバート＝ギスカール (Robert Guiscard) の妻となったシケルガイタ (Sikelgaita, 1040-90) を高く評価している。ロバート＝ギスカールは Alberada と離婚して，シケルガイタと再婚した。夫婦ともにそれぞれ3つの徳において優れており，その点で対等であるかのような描き方がされている。夫妻が同修道院に教会や土地を寄進（1080年と1082年）していたこともあるが，スキナーは，シケルガイタがロバートのパートナーとして果した重要性のゆえの対等性であると解釈している。

　新来のノルマン人有力者ロバート＝ギスカールとの結婚（式はメルフィで1058年秋か1059年春に行なわれた）は，ロ

ンバルド人貴族の家系であったシケルガイタに，結婚前と比べ，より大きな行動の自由を与えたようである。もっとも，彼女の生涯を通してみると，結婚前は父親に，結婚後は夫に，夫の死後はモンテ＝カシノ修道院長を新しい「霊的父親」として依存しており，彼女の生涯は「家父長的規制（patriarchal constraints）」によって取り囲まれていたとするスキナーの指摘に注目すべきであろう。その点は，結婚とはひとりの男の権威からもうひとりの男のそれへの女の移動である，とする上記ハフトンの指摘を例示しているようで興味深い。

　スキナーは，南イタリアのサレルノ伯女シケルガイタを，妻であり戦士でもあった女性として位置付け，彼女が夫であるロバート＝ギスカールと同様にチャーターに署名したり，自ら dux（duke 伯）と呼ばれていたことを指摘する。dux のタイトルが当時は男女いずれにも用いられる中性称号であり，その使用が女性であるシケルガイタの権威を高めたことを示唆している。それは，夫の死後，未亡人となった伯夫人（duchess）のための信用に値する称号であった。このようにスキナーは，いくつかの事例から男女間のかなりな程度の対等性を示しており，南イタリアにおけるノルマン征服といった政治的な不安定状態が，特定の女性に支配者としてのチャンスを与えたことに注目している。

(2) 結婚ネットワーク

　現代的価値観からすると，結婚と愛情を結びつけ，自由恋愛にもとづく男女のカップル（一夫一妻）が結婚の理想的形

とみなされるのかもしれない。しかし、それは多分に、中世ヨーロッパでもキリスト教会によって主張された結婚であり、また、受容された性関係であった。たしかに、12世紀になると幾人かの王たちが、愛情から結婚し、妻との同伴を楽しむようになった事例もみられる。たとえば、バーローの紹介によれば、十字軍国家のエルサレム王の事例がある。Baldwin III of Jerusalem は、放蕩生活の後、1158年に12才の Theodora と幸せな結婚（happy marriage）をしている。しかし、下記のような結婚事例をみるとき、やはり、11・12世紀のノルマン人支配者たちは政略結婚を重視していたと考えるべきであろう。まさに、かれらは、ヨーロッパ中に結婚による相互依存ネットワークを作り上げていったのである。

・ノルマンディー公の娘エマはイングランド王エセルレッド2世と結婚（息子がエドワード証聖王）。

・南イタリアのノルマン人たちとロンバルド人女性たちとの結婚。特に、1058年ロバート＝ギスカールとサレルノ伯女シケルガイタとの結婚が注目される。スキナーは、この結婚が、2世紀以上にもなるロンバルドの長い伝統的な結婚戦略であったとみなしている。

・ノルマン騎士でアンティオキア侯となったボヘモンド1世（在位，1090－1111年）はフランス王フィリップ1世の娘コンスタンスと結婚した。

・イングランド王ヘンリー1世の娘マティルダはドイツ王ハインリヒ5世と結婚した。

・シチリア伯ロジェール1世の未亡人アデラシアは1113

年エルサレム王と結婚した。

・シチリア王ロジェール2世（在位，1130 − 54年）はカスティラ（スペイン）のアルフォンソ6世の娘エルヴィラと結婚し，さらにブルゴーニュ公の娘と再婚した。

・シチリア王ウィリアム2世（在位，1166 − 89年）は1176年イングランド王ヘンリー2世の三女ジョアンと結婚した。

・シチリア王女コンスタンスはドイツ王ハインリヒ6世と結婚した。息子フリードリッヒ2世はシチリア王となり，さらにドイツ王（在位，1197 − 1250年）となった。

このような結婚ネットワークは，ヨーロッパ各国や地中海周辺国の支配者たちを相互に結び付けていた。

ところで，こうした結婚においては，女の方が動くのが普通であったようであるが，それが略奪結婚の名残りだったのか，あるいは男系家族制が普及していたからか，女の方が新しい環境への適応力があったからか，さらなる考察に値する問題であろう。スキナーは，南イタリアでのノルマン征服に関連して，征服者が男性であり，女性は犠牲者であるとみなすことに疑問を呈し，シケルガイタにおいて見られたように，権力の伝達者としての女性の役割に注目している。この場合，移動していたのは男性であった。

中世ヨーロッパにおいて，人の移動にともなって夫婦や家族のきずなが動揺したと推測されるのであるが，きずなはどのように維持されたのであろうか。十字軍などの軍事的遠征に際して，家族的きずなを維持するための方策が講じられたのであろうか。ハフトンは，16世紀ヨーロッパの特定家系

を取り上げ，昇進を熱望している親や家中の人びとを巻き込んだ家族戦略という視点から考察したレナータ＝アーゴの研究を紹介している。高貴な生まれの女性は結婚して遠方へ行ったときに，常習的に手紙を書くことで，重要な社会的縁故関係を発展させることができた。

　手紙によるコミュニケーションの実現は，結婚のような人の移動と家族的きずなの維持に関する重要な指摘であり，程度の差はあるかもしれないが，中世においても当てはまる指摘であろう。

(3) 通婚

　ノルマン征服後イングランド社会においては，ノルマン人とアングロ＝サクソン人との間の通婚が進んだ。代表的なものとしては，国王ヘンリー1世とアングロ＝サクソン王家の血をひくマティルダとの結婚，アングロ＝サクソン貴族ワルセオフ (Waltheof) 伯とウィリアム1世の姪であるエディス (Edith) との結婚，さらに，共にノルマン人司祭とアングロ＝サクソン女性との間に生まれ，修道士で著名な歴史家でもあるウィリアム＝オヴ＝マームズベリー (William of Malmesbury) やオルデリック＝ヴィターリスの事例がある。

　征服後，大陸から移住してきた人々は主として男性であり，各地に所領を得た諸侯や騎士たちのうち独身の者は，イングランド有力家系出身の女性と結婚する者が多かった。このことは，イングランドの「ノルマン化」の過程に影響を与えたであろう。さらに，両民族の融合を考える際の注目すべき事項である。

結婚は融合をもたらした。人口的にノルマン人や他のフランク人の割合は少なかったし，古いイングランド社会の貴族的要素は，アングロ＝サクソン人家系の女性たちの結婚を通じて，ノルマン人領主と結びつくことで存続していったとするチブノールの指摘は注目に値する。こうした女性の視点からの結婚観は，女性歴史家によって強調される傾向があるように思われる。

　南イタリアのシケルガイタの事例に見られたように，彼女は父親サレルノ伯の正統な後継者とみなされたのであり，ひとりの女性として，夫であるノルマン人ロバート＝ギスカール，そして，息子ロジャーへの「権力の伝達者」としての役割を果したのである。スキナーのような女性研究者の立場からの結婚に関する解釈とも言えるが，これまで男性歴史家の側からの指摘が少なかったことが，逆に注目される。娘の結婚を通じて，父親の家系（支配の正当性）が息子へと継承されるという解釈であり，その意味では，男女双方からする政略的結婚観が存在していたと言えるのであろう。

　他方，通婚の事例としては，従士（セイン）や貨幣鋳造人などイングランドの男性残存者で繁栄していた人々は，有力ノルマン人一族の娘たちの可能な結婚相手となった。また，ソールズベリー司教ロジャーのような結婚禁止を無視したノルマン人の高位聖職者たちは，しばしばイングランド人女性を妻帯していた。ロジャーの「妻」は Matilda of Ramsbury という名前のイングランド人女性であったようである。中世教会考古学の専門家である C. プラット（Platt）は，12世紀

の妻帯聖職者は，聖職者妻帯（結びつき）の不規則性について認識していたと主張している。それは，妻（女性）にとっての社会的立場の低下と，聖職者にとってキャリア上の不利益がもたらされるであろうとの認識である。

12世紀後半になると，人命金の取り立てに関して，当時の『財務府対話』が注目したように，イングランド人とノルマン人が親しく共に暮らし，結婚によって両民族（nations）が非常に混ざり合っているので，自由人の場合，どちらの出自であるかを決定することはほとんどできない状態であった。

3．王と王妃

初代ノルマンディー公ロロから代々の公の結婚は，ノルマン人同士ではなく異民族との結婚が普通であった（系図1参照）。一般的に言っても，征服者や冒険者としては，主として若い独身の男が動き，現地の女性と結婚するのが通常であったようであるから，ノルマンディー公の結婚例が特殊であったわけではない。しかし，それは移動した初代の事情であり，第2代からは政略結婚とみなすべきであろう。1066年ノルマン征服後のアングロ＝ノルマン期の王と王妃たちとの結婚を概観すると下記のようになる。

・ウィリアム1世と王妃マティルダ（フランドル伯女）
・ウィリアム2世（未婚）
・ヘンリー1世と王妃マティルダ（ホワイトシップ難破事故で直系男子ウィリアムの死）
・スティーヴンと王妃マティルダ（ブーローニュ伯女）

(1) ウィリアム1世（在位1066-87）と王妃マティルダ

　妻マティルダへの愛情，すなわち終生かの女に対して誠実であったことと，ウィリアム自身がノルマンディー公の庶子として苦労したことが関係していたのかもしれない。ノルマンディーに隣接するフランドル伯の娘マティルダと結婚することは，ウィリアムにとって政略結婚であったといえよう。禁止された等親内での結婚であったためローマ教皇の許可を得ることが必要であったが，ベック副修道院長であったランフランク（教皇アレクサンダー2世はかつて同修道院付属学校でランフランクの弟子であった）の働きもあって2つの修道院をカーンで建設することを条件に結婚が許可されたのであった。

　ウィリアム1世とマティルダの間には男子4名と女子5名（あるいは6名）の子供たちがいた（系図2参照）。息子のうち2名のみが結婚した。ロバートは，子供のとき婚約していたが，40才後半になるまで結婚しなかった。ヘンリーは，最初32才で，2度目は53才で結婚した。5名の娘のうち2名のみが結婚している。アデラは16才ぐらいで，コンスタンスは24才くらいで，アデラードは，少なくとも3度は婚約したが未婚のまま死亡した。子供たちの世代による結婚からは，幼児期を生き残った嫡出子たちがいる。すなわち，ロバートに1人，ヘンリーに2人，アデラに4人である。しかし，これらのうち3人のみが嫡出子をもつことになる。さらに悪いことに，王朝的見地からすれば，1135年に最も若い息子であったヘンリー1世とともに男系が終わった。

父親ウィリアムに対する長男ロバートのくり返された反抗を、スキナーは、ノルマンディー公位をめぐって息子が一人前の男になるための行動とみなしている。他方、W.M.エアード（Aird）は、ウィリアムとロバート（父と子）との間の緊張関係の原因を検討し、11世紀末の北フランスの貴族的社会における、支配者あるいは覇者としての男らしさ、また、そうしたヘゲモニーへの挑戦という概念に関係づけて論じている。

(2) ノルマンディー公ロバート（在位 1087-1134）

　ノルマンディー公ロバートの結婚前の生活に関しては、異性への性的関心が見られたようであるが、かれの宮廷については男色（sodomy）の悪弊が指摘されている。バーローに従えば、男色は、単一の性から構成された共同体に基礎をおく中世社会で、すなわち、軍隊やキリストの戦士たち（militia Christi, 修道士）といった、その可能性を多くもつような社会においては蔓延していた。それゆえ、当時、男色を抑圧する運動が教会において発展しつつあったのである。

　ロバート公は十字軍からの帰還後に47才くらいで結婚した。かれと対立していたヘンリー1世も同じ頃、32才で結婚した。バーローは、両方の結婚とも、当時としては典型的な結婚であったとみなしている。バーローは、ロバート公が、十字軍の遠征費捻出のための担保としていたノルマンディーを受け戻すために資金をつくらねばならず、そのためには結婚によって持参金を得ることが最も容易な方法であったと指摘している。

1100年にロバートが十字軍遠征から帰国する途中に, ノルマンディーを担保として預けていたイングランド王で弟でもあるウィリアム2世が事故死してしまった。したがって, 受け戻すための資金をつくる必要性はなくなったのではないかと推測される。もし返済されたとするなら, 実際に, だれに返済されたのかが問題となるであろうが, 史料の言及はないようである。ヘンリーは, ウィリアム2世事故死にともなう不規則な王位相続の後, 最も早く利用できる同盟を結んだ。すなわちアングロ＝サクソン王家の血を引く女性マティルダとの結婚である。また, バーローの言うように, ロバート公に対抗して, 結婚によって息子を得て王朝を築く意図を知らせるためであったのかもしれない。

(3) ウィリアム2世 (在位 1087-1100)

相続に関して, ほとんどの支配者たちは王朝的野心を抱いていた。最も放漫な者あるいはつむじ曲がりの者でさえ, バーローの表現を借りれば, 妻が「必要な付属物 (a necessary adjunct)」であると認めていたようである。同時に, 結婚に対する反対のプレシャーもあった可能性がある。非常に軍事的な社会においては, 早期の結婚が奨励されることはほとんどなかった。それは, 結婚がしばしば, 戦士生活からの引退に先立つものとみなされたからである。

ロバート公やヘンリー1世が結婚した年齢を考えれば, 40才代であったウィリアム2世が, 1100年に事故死しなければ, その後に結婚していた可能性はあったのかもしれない。ウィリアム＝オヴ＝マームズベリーは, 国王が, 直前には広

大な領域を支配するという大いなる希望と計画を抱いていたことを述べているからである。王朝的（dynasty）見地からすれば、直系の男子が重要であった。この点では、ノルマン王朝はヘンリー1世で直系は終わるが、対照的に、カペー王朝は男系が継続していく。

(4) ヘンリー1世（在位1100－35）

ヘンリー1世と王妃マティルダとの結婚は、マティルダが修道院に入っていたこともあり、結婚することができるのかどうかが議論になった。カンタベリー大司教アンセルムの裁定もあって、ヴェールをまとっていたが修道請願を行なった修道女ではなかったということで、結婚するのに支障は無いとされた。

王妃マティルダは修道院での教育を受け、ラテン語の読解能力をもっていたが、夫のノルマンディー滞在中はイングランドで宮廷を維持することになった。ウィリアム＝オヴ＝マームズベリーは、マティルダについて高い評価を行なっている。とりわけ、彼女の敬虔な行為に注目している。王妃はローブの下には髪の毛で編んだ下着をつけ、教会の床を裸足で歩いた。病人の看護をし、悪臭を放つ傷の手当てをした。病人の手にキスをし、彼らの前に食事を置いたのであった。

ヘンリー1世は、1114年、12才の娘マティルダをドイツ王で神聖ローマ皇帝ハインリヒ5世（王, 1099-1125; 皇帝, 1111-25）と結婚させた。そこには、自分の支配領域であるノルマンディーの保全をはかり、背後のドイツ王と同盟しながフランス王を牽制していこうとする意図が読み取れる。

帝妃となったマティルダは，統治に必要な教養をもち，彼女は1118-19年夫ハインリヒ5世のイタリア摂政を務め，また，数年後には，夫がザクセン反乱鎮圧に当たる間，ロートリンゲンにおいて彼に代わって行動している。マティルダは個人的に，父親との同盟交渉にかかわり，ハインリヒが死んだ時に，彼は皇帝レガリアを彼女に保管させていたのである。

　マティルダは1125年に23才で夫と死別し，王位継承者であった息子を亡くしていたヘンリー1世によって呼び戻されるが，28年にはアンジュー伯ジェフリーと再婚する。イギリスの中世教会史家 C.N.L. ブルック（Brooke）は，マティルダが，王位継承問題の犠牲者であり，資格ある未亡人としての不運を味わったとする。さらに，再婚もみじめなものであり，1139年彼女はイングランド，ジェフリーはノルマンディーをという領土分割案の合意は，戦略的にはともかく，家庭的不和には適していた，とする興味深い解釈を示している。

(5) スティーヴン王（在位1135-54）

　スティーヴンは帝妃マティルダと王位をめぐって対立し，イングランドは内乱状態となった。マティルダは，ヘンリー1世の娘でスティーヴンのいとこであったが，ドイツ王（皇帝）ハインリヒ5世と結婚していたので「帝妃」と呼ばれる。また，彼女の傲慢な態度から，吉武憲司氏によれば，「女帝マティルダ」と呼ばれることもある。

　吉武氏は，王妃マティルダが，ブーローニュ（Boulogne）

伯の女相続人であったが、スティーヴン王に代わって摂政としての役割を果すなど政治・外交的能力を発揮していたこと、とりわけ、イングランド王位をめぐって帝妃マティルダと争った内乱期にスティーヴンが一時捕虜になったとき、かれの解放に貢献したことに注目している。傲慢な帝妃マティルダとは、その献身的な行動において対照的であった。

12世紀までは、女性の統治・行政上の役割は13世紀以降におけるよりもはるかに大きなものであったと吉武氏は指摘する。たとえば、この時代、主君が十字軍などで留守の場合、妻が家政・所領経営を監督するのが通例であった。氏は、アングロ＝ノルマン期の摂政制もこの延長にあり、また、王位継承に関しても、直系男子相続人が存在しない場合、女性が王位を継承した例も存在するのであり、そもそも、女帝マティルダが王位を要求して内乱を起こすことができたこと自体、その証拠であると主張している。

吉武氏にしたがえば、王妃マティルダの行動は、この時期の王妃が期待されていた理想的な行動であった。この時代の歴史家から、王妃マティルダは、あくまでも「男の美徳」を備えた女性として賞賛されているが、このことは、王妃マティルダが男をも支配する能力があると認められたことの裏返しかもしれない。傲慢な女性として描かれる女帝マティルダとは対照的に、王妃マティルダは全般的に当時の歴史家から好意的に見られているとされる。

4．宮廷愛
(1) 女と男

　この時期の独身騎士の結婚相手としては，土地をもつ未亡人や女相続人が望まれた。また，バーローが注目するように，そうした結婚には，パトロネジとして王がもっていた後見権や結婚承認権が影響を及ぼしていた。ヘンリー1世の宮廷に伺候し，王の寵愛を受けていた甥のスティーヴンは，1125年ブーローニュ伯女マティルダと結婚することで，アングロ＝ノルマン期の最有力の諸侯の1人となることができた。

　ところで，いわゆる「許されない愛」として主君の奥方に対して（独身）騎士が抱いたとされる宮廷愛は，現実には「褒美としての愛」へと変化していったのではないであろうか。いわば「愛の物化」である。そうした「求愛ゲーム」によって主君の妻は，ハウスホールド（家中騎士）の主君への恭順（忠誠，piety）をつなぎとめておくことを意図していたのではないか。したがって，現実には時に性的結びつきもあったと推測されるのであるが，木村氏は，中世の騎士道は不倫を公然と正当化したとみなしている。その際，そうした結びつきを姦淫として非難しながら規制する主張は，あくまでキリスト教的社会秩序の崩壊をさけるためのものであったと考えられる。奥方は，また，宮廷において息子たちとともに，他の若い見習い騎士たちの「母親代わり」となることも期待されていたのである。

(2) 男と男

　中世ヨーロッパにおいて精神的愛情のみによる男女の結びつき，すなわち「プラトニック・ラヴ」が存在したことは間違い無いであろう。しかし，その典型例としてアベラールとエロイーズの事例が引用されることがあるが，アベラールが肉体的災厄に遭わなければ，両者の関係はちがったものになっていた可能性は否定できないであろう。生殖本能によらない結びつき，たとえば男と男の結びつきが，中世イングランドの国王宮廷において，女性の格好と身だしなみで女のごとくに振舞う男たち，おそらく男色（sodomy）が存在していた。そこでは，性的結びつきをゲームとして楽しむことが行なわれていたのであろう。

　それは，いわば「性愛ゲーム」とでも呼べるものであり，宮廷文化の一形態として位置づけることができるのかもしれない。独身あるいは既婚の騎士たちの間における生殖を目的としない性的満足のための行動であったとも言えるが，それは教会の立場からすれば「許されない愛」であった。12世紀の教会改革者ピーター＝ダミアンは「男色は動物以下」の行為であると非難している。かつて戦士としての「男らしさ」を理想としていたノルマン人たちにとって，女の格好は「男の格好」の対局にあるものであり，それは戦い（動きやすさ）とはかけ離れたもの（長い髪や服，先のとがった靴）であった。そうした行動がまさに宮廷において見られるようになり，しかも修道士である歴史家たちの非難の対象になっているのは，有るべき姿としての男のイメージが，現実には必

ずしも実現していなかったことを示唆しているのであろう。

(ウィリアム2世の宮廷)

　ウィリアム2世については，いずれも修道士で歴史家であるエドマー (Eadmer)，ウィリアム＝オヴ＝マームズベリー，そして，オルデリック＝ヴィターリスが論評している。かれらは，ウィリアム2世の私的生活が放蕩であるとし，かれの不信仰と教会への抑圧を結びつけて非難したのであった。3人とも，ウィリアム2世が「ホモセクシャル」であり，かれが男色の悪 (vice) を行っていたと疑っているが，確たる証拠は存在していないようである。

　カンタベリー大司教座付属修道院の修道士であったエドマーは，1094年のウィリアム2世の宮廷人のファッションや行動について言及している。当時，宮廷のほとんどすべての若い男たちが，少女のように頭髪を長くし，きれいに髪をすいていた。かれらは，さまようような目と不敬なジェスチャーをしながら，少女のような足取りで気取って小刻みに歩き回った。バーローは，あとに続く歴史家たちが，おそらくこのエドマーの文章にもとづいて，自分たちのコメントを加えていったと推測している。

　エドマーによれば，男色問題について，カンタベリー大司教アンセルムは改革を提案したが，ウィリアム2世は怒ってそれを拒絶してしまったので，アンセルムはヘンリー1世が即位するのをまたねばならなかったという。

　ウィリアム＝オヴ＝マームズベリーは，ウィリアム2世の宮廷の途方もないファッションについて，宮廷人たちの女っ

ぽさを指摘している。

「頭髪を長くのばし，服装は贅沢で，靴は先がとがってカールしていた。若い男たちは，身体の柔らかさを女たちと競い，気取って小刻みに歩き，かれらが動くとその腿が露になった。かれらは弱々しく女っぽいことを選んだ。そして，他の人びとの貞節や純潔を征服した者たちは，自分自身のそれにはほとんど注意を払うことはなかった。女っぽい連中の一団と娼婦の群れが宮廷の後を追った。それゆえ，イングランド王の宮廷は威厳の館というより，男色相手の若者たちの女郎屋であった。」(WM,GR,I, 724-5.) ウィリアム＝オヴ＝マームズベリーは，ヘンリー1世が，女っぽい連中を宮廷から追放したことを，かれの1100年改革のひとつとして挙げている。

オルデリック＝ヴィターリスは，ウィリアム＝オヴ＝マームズベリーから約10年後に歴史叙述を行ない，若い王が恥しらずで好色であったとウィリアム2世治世の不道徳性を非難した。

アンジュー伯フルクが足にできたできものを隠すためにデザインさせたサソリの尾のような長い先端をもった特別の靴に言及しつつ，オルデリック＝ヴィターリスはまた，当時の途方もないファッションを批判している。ウィリアム2世の宮廷のロバートという名の道化が，靴の先に麻くずの詰め物を始めたが，それにより，靴の先端は雄羊の角のように後向きに曲げることができるようになった。それゆえ「角靴」(horner, cornadus) とニックネームを付けられたという。他

の不適当なファッションとしては、長くきっちりとフィットしたシャツや上着、太い袖をもつ長いローブやマントがあった。こうして、ウィリアム2世の死を論評するに際には、国王の非難されるべき生活や「女っぽい連中の支配」(the rules of effeminates) を指摘したのであった。

(ロバート公の宮廷)

同時代のノルマンディーについても、オルデリック＝ヴィターリスは、いかに男色愛がそそのかすがゆえに挑発的であり、地獄で焼かれるべきだと非難された女っぽい連中が罰せられないままに黙認されており、他方で、姦通が公然と結婚の床を汚している、と述べている。

オルデリック＝ヴィターリスは、1103年公妃 Sibyl of Conversano の死から2年が経過していたロバート公の独身者の無秩序な宮廷について、そのグロテスクな情景を描いている。そこでは、ロバートは恥ずべき寵臣たちに依存しており、かれの財産を道化師 (jesters) や売春婦 (harlots) たちに浪費していたようである。

(ヘンリー1世の宮廷)

ヘンリー1世の治世初期における改革動向については、ウィリアム＝オヴ＝マームズベリーが言及しているところである。ヘンリー1世治世になると、大司教アンセルムは社会のすべての階層における男色を攻撃することを許されたばかりでなく、おそらく、攻撃することを鼓舞されたようである。1102年アンセルムは、ウェストミンスター教会会議におい

て，長髪が耳にかかってはいけないと禁止し（第25条），また，男色（sodomy）は非難されるべきである（第30条）と決議した。

この最後の条項は，対応が遅れていたがゆえにはるかに厳しいものであった。その悪に関わったすべての者は，告白悔悛するまで破門とされた。バーローによると，「ホモセクシャル」の修道士は昇進することなく，もし，高位にあれば廃位させられるべきであった。「ホモセクシャル」の俗人は，王国を通じてかれらの法的資格を失った。未来においては，戒律の下にある修道士を除いて，司教のみが罪からの赦免を与えることができた。この破門は，イングランドの各教会において日曜日ごとに公表されるべきであった。

ヘンリー1世の改革意図の背後には，1100年のウィリアム2世の事故死によって急いで即位した後，多くはロバート公を支持するはずの世俗諸侯に対立して，みずからの支配確立のために教会の支援を必要としていた国王の事情がうかがえる。

しかし，オルデリック＝ヴィターリスは，現実にはウィリアム2世の宮廷とそれほど変わらないヘンリー1世の宮廷に関して論評している。かれは，1105年のイースターにセー司教セルロ（Serlo, bp. of Sees）が西ノルマンディーのCarentan（Bayeux西方，コタンタン半島）で，ヘンリー1世とかれの宮廷（人）に対して行った説教を伝えている。

司教は，ヘンリー1世の廷臣たちすべてが，女のように，かれらの頭髪を長くしていることを嘆いている。切られて

いない髪は，罪人に対して課せられる苦行（penance）を示すものであった。女たちを模倣することで，かれらは男らしい強さを失ったのであった。また，かれらの長いあごひげは，オスの山羊のようであり，山羊のような汚れた欲望を表していた。私通者（fornicators）や少年男色者（catamites）たちは，下品にもそうした欲望で汚れていた。かれらは，キリスト教徒というよりもサラセン人のように，かれらのあごひげをのばしている。愛人（mistresses）とキスをするとき，かの女たちの顔をピクリと突かないためである。要するに，かれらは悔悛行為（penance）である[長い頭髪という]むさくるしさ（squalor）を肉欲（lechery）の手段に変えたのである。

　廷臣たちはまた，足にはサソリのしっぽ（靴）を履いている。それゆえに，かれらは女っぽいだけでなく毒をもつ蛇のようでもある。かれらはまた，『黙示録（9：7）』において，聖ヨハネ（St John）が述べる，非キリスト教徒を苦しめるイナゴ（locusts）軍団のようである。女の頭髪とサソリの尾をもつイナゴ人間たちである。司教セルロは，国王ヘンリー１世に，良き模範を示すように求めた。そして，国王が同意したとき，司教はハサミを取り出し，国王，ミュラン伯，大多数の貴族（nobles）たちの束髪（locks）を切り落とした。そして，国王ハウスホールドの残りの人々が，それに従った。

　1130年ころに，宮廷人たちが，頭髪を短くすることもあったが，一年後には，再び，すべての人が女のように長くしていた。そして，必要なときには，カツラさえつけたので

あったとウィリアム＝オヴ＝マームズベリーはコメントしている。

(3) 「性愛ゲーム」

アングロ＝ノルマン期の宮廷には，女の格好と身だしなみ，そして立ち居振舞いをしていた男たちがいた。おそらく，そこに見られるのは，男と男が「性愛ゲーム」として男色を楽しんでいる様子である。しかし，教会の立場からすれば，それは「許されない愛」であったにちがいない。ピーター＝ダミアンが「男色は動物以下」と非難したことは既述のごとくである。

女っぽい格好は，「男の格好」の対極にあるが，ノルマン人たちが理想と考えていた男らしさ（戦いのための動きやすさ）とはかけ離れたものであった。それらは長い髪や長いローブ，あるいは先のとがった靴として表象されている。子供を産むことが前提とされた生殖（動物）的な結びつきが基本である中世キリスト教社会において，宮廷での男と女，そして女っぽい男との間で「性愛ゲーム」が行われていたと言えよう。

ハフトンにしたがえば，中世ヨーロッパの家族史研究は，キリスト教的な振る舞いと信仰心を教えようとする説教的文献を利用している。そうした文献は，神に対する義務を男女の愛の上に置き，子供は正しい行動をするように訓練されるべき罪の源泉として解釈されていた。キリスト教教義の伝達者としての教会は，性を統制するものと位置づけられていた。中世ヨーロッパ社会では子作りのための合法的な性的行

動のみが許されていたのである。そこでは，男と女の結びつきを前提としており，「ホモセクシャル」は許されないことになる。

しかし，そもそも，「男と女というのは生まれつきのものではなく作られたものである」（ハフトン）と言いうるのであれば，問題はそれほど簡単ではなくなる。もっとも，「生まれつきではない」とか，「作られたもの」というのは，あくまで文化的脈絡においてであろう。そこに宗教が関わってくる。アダムとイヴの物語が持ち出され，女は誘惑する性，だまされやすく，より罪深い性であるとされる。ましてや，作られた「女っぽい男」となると教会の立場からすると糾弾の対象とされたはずである。

おわりに

ここでは，文化とは何かが問われるべきかもしれない。中世と現代とに共通している女と男の愛についての特徴は何か。性をめぐって人間がつくり出す文化は，動物と区別されるような人間的な営みなのであろうか。

中世ヨーロッパの宮廷文化のひとつは，「恋愛ゲーム」や「テーブルマナー」のように決まりごとを楽しむ遊びであったと言うことが可能であろう。木村氏によると「愛の騎士道」は，つねに既婚の貴族女性に対してかしづき，身も心も捧げ尽くす心であり，最終的には姦通にいたる道である。女は結婚によって完成され，あるいは女とは既婚女性のことで，そうした女性こそ，男がまともに相手にできる女性であり，こ

れに対して示す愛情と尊敬の形式が，儀礼として発達したということになる。

　近世になると，女は気紛れで意志が弱く，考えが浅いから，女に法的能力を認めると女自身が不利益を蒙ることになるから，女は男の保護と支配，監督の下に置かなければいけない，という考えが支配的なった。妻はもはや，夫の不在や心神喪失の場合にも，夫の法的行為を代行することが認められない。また夫や裁判所の許可を得ない限り，妻の法的行為は，いっさい無効とされるようになった。木村氏は，16・17世紀から女の受難時代が始まると言う。それが社会的に大きく表面化したのが魔女狩りであった。

　このように，歴史的に見て，男も女も文化的・宗教的につくられたものであるとすると，アングロ＝ノルマン期の現実社会で期待された男女の役割も，宮廷でみられた愛の諸相も，すべて時代的につくられた文化的所産であったと言えるのかもしれない。

文献リスト

W.M.Aird, "Frustrated Masculinity: The Relationship between William the Conqueror and his Eldest Son," in D.M.Hadley ed., *Masculinity in Medieval Europe*, pp.39-55.

F.Barlow, *The English Church 1066-1154*. London, 1979.

F.Barlow, *William Rufus*. Berkeley, 1983.

D.Bates, *William The Conqueror*. London, 1989.

M.Bennett, "Military Masculinity in England and Northern France c.1050-c.1225," in D.M.Hadley ed., *Masculinity in Medieval Europe*, pp.71-88.

G.Bosanquet trans., *Eadmer's History of Recent Events in England (Historia Novorum in Anglia)*. London, 1964.

C.N.L.Brooke, *The Saxon and Norman Kings*. London, 1972 (1963).

J.A.Brundage, *Law, Sex, and Christian Society in Medieval Europe*. Chicago, 1987.

M.Chibnall ed., *The Ecclesiastical History of Orderic Vitalis*, 6 Vols. Oxford, 1968-80.

M.Chibnall, *Anglo-Norman England 1066-1166*. Oxford, 1986.

M.Chibnall, *The Empress Matilda: Queen Mother and Lady of the English*. Oxford, 1991.

R.H.C.Davis, *The Normans and their Myth*. London, 1976

D.C.Douglas, *William the Conqueror: The Norman Impact upon England*. Berkely, 1964

P.N.Dunbar trans. & G.A.Loud revised, *The History of the Normans by Amatus of Montecassino*. Woodbridge, 2004.

D.M.Hadley ed., *Masculinity in Medieval Europe*. Harlow, U.K., 1999.

J.P.Haseldine, "Love, Separation and Male Friendship: Words and Actions in Saint Anselm's Letters to his Friends," in

D.M.Hadley ed., *Masculinity in Medieval Europe*, pp.238-255.

C.Johnson ed., *The Course of the Exchequer by Richard, Son of Nigel.* London, 1950.

R.A.B.Mynors, R.M.Thomson and M.Winterbottom ed.& trans., *William of Malmesbury, Gesta Regum Anglorum (The History of the English Kings)*, Vol. I. Oxford, 1998.

N.Pain, *Empress Matilda: Uncrowned Queen of England.* London, 1978.

C.Platt, *The Parish Churches in Medieval England.* London, 1981.

K.R.Potter trans., *The Historia Novella by William of Malmesbury.* London, 1955.

S.Shahar, *The Fourth Estate. A History of Women in the Middle Ages.* London, 1984(1983).

P.Skinner, "'Halt! Be Men! ': Sikelgaita of Salerno, Gender and the Norman Conquest of Southern Italy," in P.Stafford & A.B.Mulder-Bakker ed., *Gendering the Middle Ages.* Oxford, 2001. pp.92-111.

R.N.Swanson, "Angels Incarnate: Clergy and Masculinity from Gregorian Reform to Reformation," in D.M.Hadley ed., *Masculinity in Medieval Europe*, pp.160-177.

E.van Houts, *Memory and Gender in Medieval Europe, 900-1200.* London, 1999.

E.van Houts ed., *Medieval Memories: Men, Women and the Past, 700-1300.* Harlow, U.K., 2001.

阿部謹也『西洋中世の男と女—聖性の呪縛の下で—』筑摩書房, 1991。

アルノー・ドゥ・ラ・クロウ著, 吉田春美訳『中世のエロティシズム』原書房, 2002。

G. デュビー著, 篠田勝英訳『中世の結婚—騎士・女性・司祭—』新評論, 1994 (1984)。

O. ハフトン著, 菅原秀二訳「いま宗教史とは何か」D. キャナダイン編, 平田雅博他訳『いま歴史とは何か』(ミネルヴァ書房, 2005) pp.91-126.

木村尚三郎『色めがね西洋草紙』角川文庫, 1981。

山代宏道「ノルマン征服と異文化接触」『中世ヨーロッパに見る異文化接触』(共著者: 原野昇, 水田英実, 山代宏道, 地村彰之, 四反田想。溪水社, 2000) pp.85-125.

山代宏道「中世ヨーロッパの旅—騎士と巡礼—」『中世ヨーロッパの時空間移動』(共著者: 原野昇, 水田英実, 山代宏道, 中尾佳行, 地村彰之, 四反田想。溪水社, 2004) pp.7-45.

吉武憲司「スティーヴン治世期国王行政と王妃マティルダ」イギリス中世史研究会編『中世イングランドの社会と国家』(山川出版社, 1994) pp.115-39.

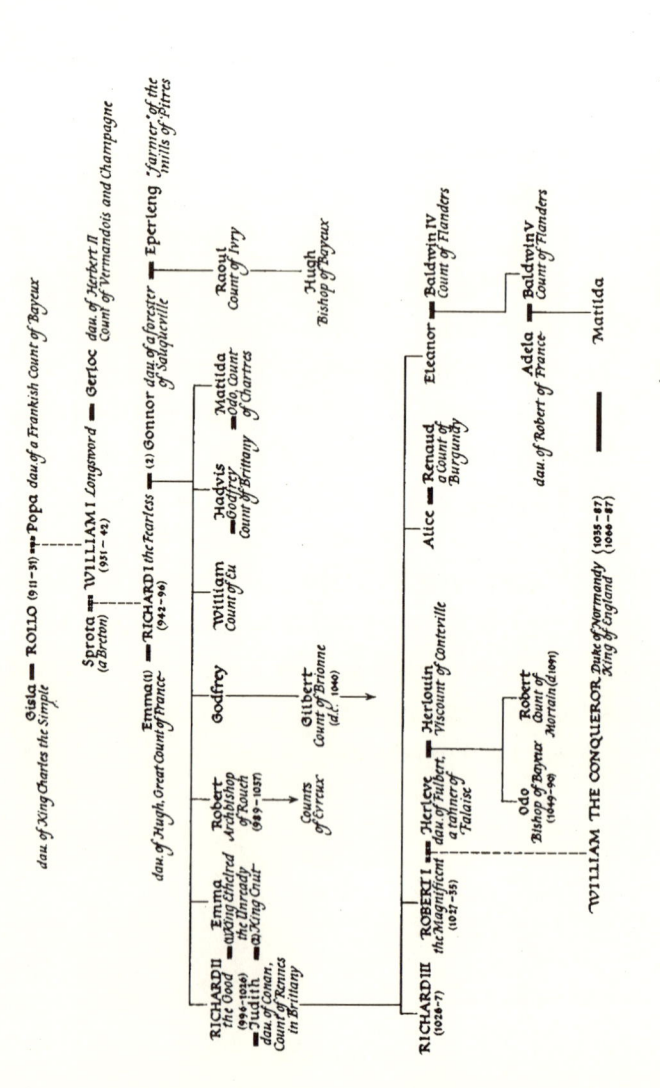

系図1：ノルマンディ公の家系 (Davis, The Normans. p.27.)

アングロ＝ノルマン期イングランドにおける女と男　73

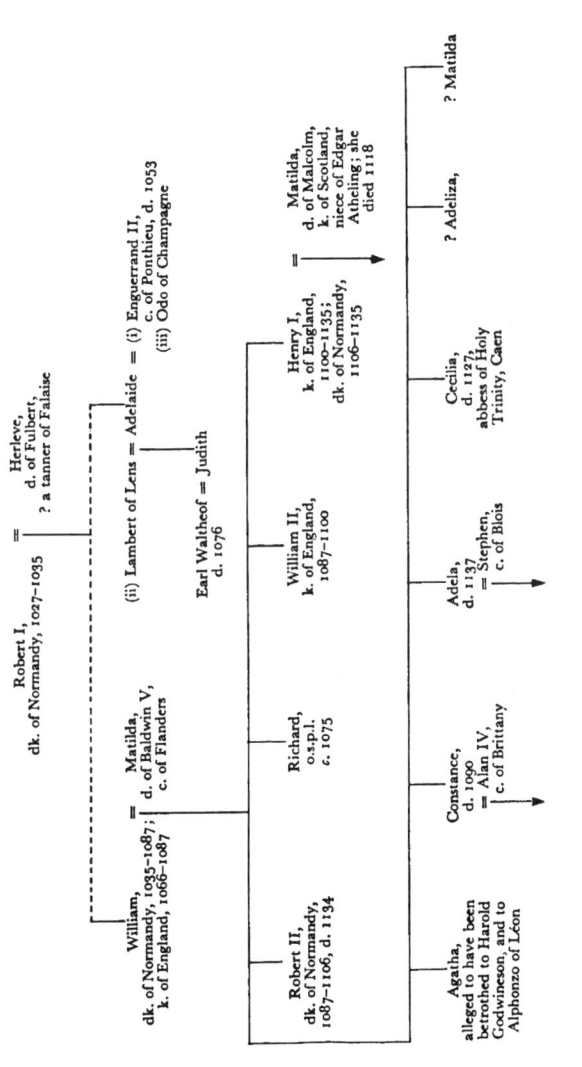

```
                    Robert I,                = Herleve,
                    dk. of Normandy, 1027-1035   d. of Fulbert,
                                                 ? a tanner of Falaise
         ┌──────────────────────────┴──────────────────────┐
         │                                                 │
                                          (ii) Lambert of Lens = Adelaide = (i) Enguerrand II,
                                                                              c. of Ponthieu, d. 1053
                                                                          (iii) Odo of Champagne
                                    Earl Waltheof = Judith
                                          d. 1076

  William,                      = Matilda,
  dk. of Normandy, 1035-1087;     d. of Baldwin V,
  k. of England, 1066-1087        c. of Flanders

┌────────┬────────┬────────┬────────┬────────┬────────┬────────┬────────┐
Robert II,   Richard,   William II,   Henry I,                           = Matilda,
dk. of       o.s.p.l.   k. of         k. of England,                       d. of Malcolm,
Normandy,    c. 1075    England,      1100-1135;                           k. of Scoiland,
1087-1106,              1087-1100     dk. of Normandy,                     niece of Edgar
d. 1134                               1106-1135                            Atheling; she
                                                                           died 1118

Agatha,      Constance,   Adela,      Cecilia,                           ? Adeliza,    ? Matilda
alleged to   d. 1090      d. 1137     d. 1127,
have been    = Alan IV,   = Stephen,  abbess of Holy
betrothed    c. of        c. of Blois Trinity, Caen
to Harold    Brittany
Godwineson,
and to
Alphonzo of Léon
```

(Douglas, *William the Conqueror*, p.419)

系図2：ウィリアムとマティルダの子供たち

チョーサーの『善女伝』に見る女と男

— 女性像の曖昧性について —

中尾　佳行

1．はじめに

　本論で扱う『善女伝』(*The Legend of Good Women*) は、その直前に書かれた作品,『トロイラスとクリセイデ』(*Troilus and Criseyde*) の続編として取り上げられている。『トロイラスとクリセイデ』は、トロイラスの愛の忠誠、クリセイデの裏切りが前提となって書き出される。しかし、詩人はクリセイデに次第に共感し、できる限り彼女をかばって描いてゆく。彼女が運命に翻弄され、自然の流れに逆らわないで生き続ける姿は、不安定な社会状況に身を置く詩人の生き様と重なりあう。彼女は悪徳の中に美徳がまた美徳の中に悪徳が内包され、曖昧性を獲得してゆく。

　『善女伝』は,『トロイラスとクリセイデ』とは対照的に、女性の善そして男性の悪を書くという前提（枠組み）で書き始められる。『善女伝』といわれる所以である。しかし、善女として描き出しながらも、詩人の注意は次第に女性の理性というよりは感情面に向けられていく。物語の骨子は、男

性の外観に強く心が強く動かされ，自分の立場が見えなくなり，最後には裏切られる，という次第である。女性を表わす形容詞「善良な (good)」は，彼女らをどのように見るかで，微妙な揺れが生ずる。『善女伝』という前提と女性の振る舞いとの間で破綻をきたしかねない状況になる。

『善女伝』の女性像において，クリセイデ像に見たように，善悪に簡単には割り切れない特性がある。もっと言えば，チョーサーは女性を描くことで，生身の人間の割り切れなさを深くえぐり出しているように思える。これはもはや男女を超えた人間的な観察ではなかったかとさえ思える。

本論では『善女伝』の中の「ディドー伝」を取り上げ，チョーサーの彼女の描き方の曖昧性に着目することで，中世における女と男の特性の一端を捉えてみたい。

女性像を見ていくことは，男性である詩人チョーサーがどのように女性に対したか，何を願望し，また何に失望したか，更にはいかに人間認識を深めたかなど，女性と男性の関係に絡んで興味深い問題を提供してくれている。チョーサーの場合，男性以上に女性の描き方が複雑であるように見て取れるが，本当にそうなのか，またそうだとすれば何故なのか，最近の女性研究 (Feminism) の視点にも留意しながら，チョーサーが描く女性と男性の特性を捉え直してみたい。また人物描写の曖昧性の生起に関しては，従来十分に注意されてこなかった一定の枠組みを設定して，叙述したい。

2.『善女伝』,「ディドー伝」に見る女と男——物語の概要

 チョーサーは『トロイラスとクリセイデ』の最後で, クリセイデの裏切りを書いたことで女性を侮辱し, かくして宮廷の貴婦人を傷つけてしまい, それ故責められるかもしれないと懸念している。このことから今度は誠実なペネローペと善良なアルセステを書こうと述べている。『善女伝』の序では, チョーサーは愛の神に叱責される。クリセイデを侮辱し, 男性が女性を信じられないようになった, と。その時アルセステ女王は, 愛の神とチョーサーの間に入り, チョーサーに命ずる。罪の償いとして善良な女性と女性を裏切った男性を書くように。このような理論的な枠組みは, 出発点から無理があったように思われる。チョーサーは枠組みを設定したものの, 女性の生身の人間としての側面に関心を持つからである。

 チョーサーは全部で9つの話を紹介するが,「ディドー伝」は3番目にある。カルタゴの女王, ディドーはトロイ（トロイ・ギリシャ戦争→トロイの滅亡）を逃れ, 船の難破でカルタゴに辿り着いた, 武将エネアスに同情し, 一目ぼれする。国益のことは失念し, 個人の感情にまかせて彼と結婚する。しかしエネアスはディドーを捨てカルタゴを去り, イタリアへ向かう。チョーサーは, 神がエネアスに与えたローマ建国の使命（原典ヴァージル）を, カルタゴを去るための彼の単なる言い訳に変えている。ディドーは失望し自害する。

 因みに『善女伝』は次のように進行している。

78

0. Prologue
1. The Legend of Cleopatra
2. The Legend of Thisbe
3. **The Legend of Dido**
4. The Legend of Hypsipyle and Medea
5. The Legend of Lucrece
6. The Legend of Ariadne
7. The Legend of Philomela
8. The Legend of Phyllis
9. The Legend of Hypermnestra

　9番目の話の後、『善女伝』は突如終わっている。女性が善で男性が悪という構想に興味を失ったのか、それとも叙述しつつこの設定自体の破綻を意識したのか、この物語は未完である。

3．女性像と曖昧性——二重プリズム構造に位置づけて
(1) 曖昧性の生起の原理——二重プリズム構造

　『善女伝』においていかに曖昧性が生起するかを、以下に示す二重プリズム構造に位置づけて記述したい。

　次の図のA〜Eは、それぞれ発話者が向かい合う「現象」、その現象に対する「発話者の切り取り」、切り取ったものの「表現」、そしてその表現に対する「読者の読みとり」、そして読み取った「現象」（解釈）を示す。読者が発話者の読み取りを明確に確定し、かくして一義的に読み取る時は、曖昧性はあまり残らない。他方、読者が発話者の読み取りをこの立場かあの立場かと想像し、二様、三様に読み取ることがで

チョーサーの『善女伝』に見る女と男　79

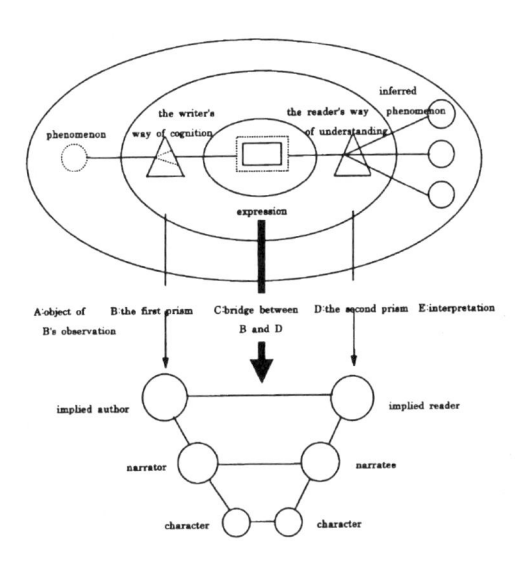

Notes:
(1) The broken lines indicate that the second prism, the reader cannot easily determine one stance or value. A phenomenon is susceptible to multivalence when allowing for different views of a single prism or between the two prisms. How the first prism, the writer views the phenomenon is not always textually explicit, but only suggestive, which calls for the reader's inference. An expression can semantically be easily determined, but involved in complex pragmatic contexts, it may be open to varying interpretations. Furthermore the real state of Chaucer's language, only existent through scribes, is open to discussion. On the other hand, why I used solid lines for the reader's stance and his interpretation is that the communicative value of the expression is finally realised by them and that to the extent of their realisation they can be described, although his justification for them may depend on his assumption or inference.
(2) Two broken lines in B and three solid lines in D indicate that they are not necessarily the same.
(3) E assumes two cases: interpretation divided 'within one reader' and 'between readers'.

きる時，曖昧性は促進される。曖昧性はこのように発話者と読者の二重プリズム構造で説明される。「プリズム」というのは，現象にしろ表現にしろ，それが見る者のレンズを通過する場合，必ずしも直線的ではなく，屈折したり，あるいは乱反射のようなことさえ起こるからである。

A～Eの要素は，チョーサーの曖昧性の生起に対していずれも甲乙付けがたい程重要である。オリジナルが残っていない14世紀の詩人チョーサーのテクストでは，詩人が何の現象 (A) を描いたか，どのように切り取ったか (B)，また表現自体 (C) も作者のものかどうかさえ必ずしも明確ではない。その分読者の解釈行為への参加，彼の切り取り方 (D)，最終的な解釈 (E) が重要なものとなってくる。

一番内側の円は言語構造（語からテクスト全体まで）に係わる文脈である。真ん中の円は言語活動の場面で，特に重要な要素として話し手と聞き手を含む。そして一番の外の円は現象の選択に係わり，文化ないし伝統を含む文脈である。

話者 (B) と聞き手 (D) は表現を通して具現される。それは大きく三層からなり，一番下に人物と人物，中間に物語に登場し作品を推し進めていく語り手とその語りをその場その場で理解しながら追っていく読者，そして一番上に物語の全てを統治している語り手（作者）とそれを理想的に読んでいくと想定される読者がいる。これはあくまでも形而上的な設定であって，応用面では複雑である。生きた作家と物語り上の作者は微妙にオヴァーラップするだろうし，語り手の言葉か人物の言葉か判然としない自由間接話法のようなものも

ある。更に，読者についても単純に理想的な読者とは言えまい。生きた作家に対応する実在する読者，中世の写字生，編集者，批評家，などがいる。また本論では自分の読みを主張し，同時に批判し，他者の読みにも目を向ける，メタ的な読者，'I' を設定している。

(2) 曖昧性のカテゴリー

二重プリズム構造の「表現」の種類に従って，曖昧性の種類が規定される。

C: Expression

  I. Textual domains:

   a. metatext (scribal/editorial ambiguity)
   b. intertextuality (multiple texts involved in the making of one text)
   c. textual structure (theme, characterization, plot)
   d. speech presentation (direct speech, indirect speech, free indirect speech)
   e. discourse structure (cohesion, information structure)

  II. Interpersonal domains:

   a. speech act (illocutionary force or implication)
   b. modality

  III. Propositional domains

   a. syntax

b. word (lexical network, polysemy, fuzziness)
   　　'sely Dido'
   c. sound (stress, pause, intonation, etc.)

一例挙げて説明しよう。『善女伝』,「ディドー伝」現れる 'sely Dido' は, 狭い文脈では, 上記 III. Propositional domains の b. word に位置づけられる。sely の意味幅がキーポイントとなるからである。しかし, この語の意味を作者の構想に関係付けて捉えようとすると, 辞書的な意味の同定だけでは不十分である。上記 I. Textual domains の c における人物描写や主題, 更には, b の間テクスト構造に結び付けていく必要がある。カルタゴの女王, ディドーは, 彼女の熱情的な愛と死に関係して, 多くの作家に取り上げられた文学的材源である。この材源をチョーサーがどのように受け入れ, いかに独自の文脈に溶解させていったかが, 間テクスト構造において問われることになる。'sely Dido' の意味の全体像は, このように複合的な視点を読者が行きつ戻りつすることで, 初めて明らかになってくると言える。

(3) 女性像と曖昧性——二重プリズム構造に位置づけて
   A. 現象：女性の善, 男性の悪
   B. 第一プリズム：善女と生身の人間の在りよう（感情）
   C. 表現：語, 談話, 間テクスト構造
   　　—— 意味幅のある表現　　e.g. 'sely Dido'
   D. 第二プリズム：読者の視点の移動と意味創出
   E. 解釈の多様性

4．『善女伝』，「ディドー伝」に見る女と男――曖昧性の叙述

(1) 現象：善女――悪男

アルセステ女王は，『善女伝』の中で，詩人に対し女性を非難してきた代償として，女性の善と男性の悪を書くように命ずる。

> Thow shalt, while that thou lyvest, yer by yere,
> The moste partye of thy tyme spende
> <u>In making of a glorious legende</u>
> <u>Of goode wymmen, maydenes and wyves,</u>
> <u>That weren trewe in loving al hire lyves;</u>
> <u>And telle of false men that hem bytraien,</u>
> That al hir lyf ne don nat but assayen
> How many women they may doon a shame;
> 　　　　　*The Legend of Good Women* (LGW) F 481-8

(テクストの引用及び作品の略記は Benson (1987)。下線は筆者。)
(生きている限りお前は時間の大半を一年一年，生涯愛に忠義を尽くした善女（乙女もいれば奥方もいる）の物語を書くのだ。そして女性を裏切る欺瞞的な男，生きている限り女性を恥じ入らせることしか考えていない男について語るのだ。)

(2) 第一プリズム：'glorious legende'（現象）を切り取る視点　　――聖と俗

A．<u>「善女」の基準：中世的ないし Chaucer が想定したと思われる基準</u>

　A-(1) 宗教的基準

　　　中世における聖人伝

　　　　殉教 (martyrdom) のパタン：キリスト教の信仰の
　　　　証として自分の生命を死にさらした人

　　　　　　　　　　　　　　　（斎藤 2000: 211）

フレーム：生 → 肉体的な死（罪の浄化）→ 霊的に永遠の生を得る

殉教者に要求される3つの条件：
① 肉体的な死を経験すること。
② その死が神の真理を求める生活に対して他者が抱く憎悪によってもたらされたものであること。
③ 死が護教のため自発的に受容たるべし，ということ。

『カンタベリー物語』，「法律家の話」の序で，法律家は『善女伝』を 'Seintes Legende of Cupide' (CT II 60-1)（世俗の愛に生きた（殉じた）善女）として位置づけている。

ディドー： カルタゴの女王
　トロイを逃れてきたエネアスに同情し，一目ぼれ する。女王であることを失念し，個人的な愛 に没頭する。

---

① 肉体的な死の経験。
② ディドーの死は，エネアスへの熱狂的とも言える愛に対し，彼が裏切ることでもたらされる。
③ エネアスへの一途な愛のために，自ら死を選ぶ（自害）。

　　　→ 世俗的な愛 の＜殉教＞

ところで 'legend' には，「聖人伝」という意味と「物語」という意味が共存している。OED では当該箇所は「物語」で読み取られている。'glorious' はしばしば聖人に付けられる形容辞である。（末尾の補遺 A，OED 引用資料を参照。）

A-(2) 社会的基準

ディドーの女王としての社会的な立場とそれにふさわしい道徳的価値：個人の情動に左右されるのではなく，国という組織の安定を第一に考える。

A-(3) 人間的基準

彼女の個性，生身の人間の姿に力点を置く。

B. 「悪男」の基準

B-(1) 宗教的基準：原典の一つヴァージル（『アエネイス』(Aeneid)）では，ローマ建国は神によって与えられた使命。（チョーサーではエネアスの＜口実＞に低落している。）

> "Certes," quod he, "this nyght my fadres gost
> Hath in my slep so sore me tormented,
> And ek Mercurye his message hath presented,
> That nedes to the conquest of Italye
> My destine is sone for to sayle;
> For which, methynketh, brosten is myn herte!"
> <u>Therwith his fals teres out they sterte,</u>
> And taketh hire withinne his armes two.
>
> LGW 1298-302

（「本当のことなんだが，今晩寝ていたとき父の亡霊が現れて自分はとても苦しんだ。またマーキュリーの神も次のような知らせを持ってきた。イタリアの征服に向けすぐにも出航するのだ，それが宿命なのだ，と。このため，心がずたずたにされてしまった。そんな感じなのだ。」そう言うや偽りの涙を流し，彼女を彼の二腕にだく。）

B-(2) 社会的基準：ディドーとの個人愛よりも，ローマ建国がはるかに重要である。（しかし，ローマ建国という社会的使命はチョーサーでは抑制されている。）

B-(3) 人間的基準：人間味のある感情が与えられているか。
(チョーサーでは個人愛か，神ないし社会的な使命か，といった心理的葛藤は抑制されている。)

(3) 表現
(3)-1 語（上記 3.(2) の曖昧性のカテゴリー，III. Propositional domains b) sely, pite, gentil, fre 等（人物描写 (I. Textual domains c) と連動）

ディドーはカルタゴの女王にふさわしく気高く威厳のある生活を送っていたが，トロイからの逃亡の途中難破してカルタゴに着いたエネアスに恋することから，彼女の人生は大きく変貌する。彼女の変貌過程を表わす上で，sely は重要な役割を果たしている。彼女の性格を集約するキーワードである。

この語はディドーの運命が変転する重要な箇所で繰り返し用いられている。

> ディドーがエネアスを愛しはじめる時
> Of which ther gan to breden swich a fyr
> That **sely** Dido hath now swich desyr
> With Eneas, hire newe gest, to dele,
> That she hath lost hire hewe and ek hire hele.
> LGW 1156-9 (ボールドは筆者)
> (Tatlock & MacKaye 1969: 'luckless')

(彼女の心はパットと燃え上がった。純心で信じやすいディドーは今や彼女の新しい客人，エネアスとつきあいたいと思った。彼女は血色や顔色を失ってしまった。)

> ディドーがエネアスとの愛のクライマックスに達する時
> And as a fals lovere so wel can pleyne,
> That **sely** Dido rewede on his peyne,

And tok hym for husbonde and becom his wyf
For evermo, whil that hem laste lyf.   LGW 1236-9
    (Tatlock & MacKaye 1969: 'hapless')
(偽りの愛人はあまりに巧く嘆いてみせたので，純心で人を信じやすいディドーは彼の苦しみに同情し，彼を夫として迎え，彼の妻になった。永遠に，二人が生きている限りである。)

語り手がデイドーの純朴さ，人のよさに感動して，女性全体に呼びかける時
O **sely** wemen, ful of innocence,
Ful of pite, of trouthe and conscience,
What maketh yow to men to truste so?   LGW 1254-6
    (Tatlock & MacKaye 1969: 'hapless')
(アー純朴で騙されやすい女達よ，純心さに富み，哀れみの情，誠実さそして優しい感覚に満ちている，一体何であなた方は男性をそんなにも信頼するのか。)

ディドーがエネアスに裏切られ自殺する直前に
A cloth he lafte, and ek his swerd stondynge,
Whan he from Dido stal in hire slepynge,
Ryght at hire beddes hed, so gan he hie,
Whan that he stal awey to his navie;
Which cloth, whan **sely** Dido gan awake,
She hath it kyst ful ofte for his sake,   LGW 1332-7
    (Tatlock & MacKaye 1969: hapless')
(彼は衣服の一部を置いて行った。また彼の剣を立った状態にして彼女のベッドの頭のところに置きっぱなしだった。ディドーが眠っている時，こんなふうに誰にも気づかれないように彼女のもとから立ち去ったのだ。こんなにも彼は急いでいたのだ。彼はこっそりと彼の艦隊のところに急いだ。哀れなディドーは目覚めた時，彼に思いを寄せ，その布に何度もキスをした。)

Tatlock & MacKaye(1969)の現代英語訳では「運が悪い」で解されている。しかし，他の語義「善良な」，「純朴な」，

「無防備の」,「だまされやすい」,「哀れな」,「愚かな」の可能性も否定できないように思える。上述の例で, 'sely' が 'innocence', 'pite', 'trouthe', 'conscience' と共起していることは注意を要する。このコロケーションは, sely に凝縮している多様な意味を分析的に顕在化している。それはディドーの変貌過程を集約するキーワードと言っても過言ではない。sely がいかに多義的で曖昧であるかは, 下記の類義語に関する意味分析に明らかである。sely は+が最も多く, 多義性の幅が大きいことが分かる。かくしてチョーサーが他の語ではなく sely を選択したこと自体が重要であるように思える。

sely の多義性 (+は該当する意味があること, -はないことを示す。)

	a	b	c	d	e	f	g	h	i	j
sely	+	+	+	+	+	+	+	+	-	-
innocent	-	-	-	+	-	-	+	-	-	-
blissful	+	+	-	-	-	-	-	-	-	-
holy	-	-	+	-	-	-	-	-	-	-
pitous	-	-	+	-	+	+	-	-	-	-
feble	-	-	-	-	-	-	+	+	-	-
nyce	-	-	-	-	-	-	-	+	+	-
fool	-	-	-	-	-	-	-	+	-	+

[a: happy; b: spiritually blessed; c: holy, good, pious; d: innocent, harmless; e: pitiable, helpless; f: full of pity; g: insignificant, feeble; h: simple, foolish; i: scrupulous; j: senseless, lecherous]

OEDの意味区分については末尾の補遺Bを参照されたい。
　因みに，sely のチョーサーにおける頻度を示しておこう。LGW の使用頻度の高いことに注意されたい。これは女性の描写と密接な関係があるように思える。

　　MilT 3404, 3423, 3509, 3601, 3614, 3744
　　RvPro 3896
　　RvT 4090, 4100, 4108
　　MLT 682
　　WBPro 132, 370, 730
　　SumT 1906, 1983
　　ClT 948
　　MerT 1869
　　EpiMerT 2423
　　IntPardT 292
　　ShipT 11
　　PrT 512
　　NPT 3375
　　CYT 1076, 1076

　　HF 513 ?

　　Tr 1.338, 1.871, 2.683, 3.1191, 4.503, 4.1490, 5.529, 5.1093

　　LGW 1157(Dido), 1237(Dido), 1254(wemen), 1336 (Dido), 2339(Philomene), 2346(Progne), 2532(Phyllis), 2713(Hypermnestra)

　　Mars 89, 141

　selili adv. happily
　　Bo2.pr4.87
　selinesse n. happiness
　　Tr 3.813, 3.825, 3.831

(3)-2 談話場面の曖昧性 (I. textual domains e)

善女を書くという構想で始まるが,女性の弱さに徐々に注意が向けられ,美徳と弱点の緊張関係が生起する。談話的な広がりで見ると,プロログでの主張と物語での具体的な展開に緊張関係が生じてくることが分かる。

(i) 『善女伝』では,女性の善を描くことが主張されるが,ディドーはトロイを逃れてきたエネアスに一目ぼれする。彼を愛し続ける個人愛の強さが描かれる。女王としての社会的な立場は後退したものになっている。彼女の善の解釈には第二プリズムが介在することになる。

(ii) エネアスとの狩りの場面では貴族にふさわしく堂々と獲物を追うが,彼の欺瞞が見抜けず,彼の獲物(餌食)になってしまう。nettes (1190), speres (1190), priketh (1192), huntynge (1211), the herde of hertes (1212)

(3)-3 間テクスト的(ジャンル—殉教伝)曖昧性 (I. Textual domains b)

sely は殉教及び殉教者の特徴を規定するために好んで用いられる形容辞である。

(i) 殉教伝—sely に着目して

＜聖女伝の例(伝統的な例)＞:
þer ha heuen up / hare honden to heouene; / & swa somet readliche, / þurh **seli** martirdom, / ferden, wið murðe, / icrunet, to Criste, / o þe þreottuðe dei / of Nouembres moneð *Life of Saint Katherine*, 1407-14 (There they lifted up their hands of heaven; and so together readily, through blessed martyrdom, went, with joy, crowned to Christ, on the thirteenth day of the month of November.)

> ... for-þi, **seli** meiden, "forȝet ti folc," as dauið bit; þet is, do awei þe þonckes þe prokieð þin heorte þurh licomliche lustes, ... *Hali Meidenhad*, 104-6 (Therefore, seely maiden, "forget thy people," as David biddeth. Do away the thoughts that prick thy heart through carnal lusts, ...)

上述の宗教的なジャンルでは，殉教と関係して「天上に召されて至福の」(blessed) の意味に重点が置かれている。

チョーサーの（準）殉教伝に出る——グリセルデ（「学僧の話」），セシリー（「第二の尼僧の話」，クスタンス（「法律家の話」）は，物理的に厳しい試練にさらされるが，精神的には強い。ディドーはカルタゴの女王として立派に国を治めていたが，エネアスの登場で，彼を愛するがあまり個人の感情に溺れ，心理的に不安定になる。先に挙げた3人との違いは，ディドーは感覚的に強く溺れ，全体が見えなくなることである。

「尼僧院長の話」は，少年殉教をテーマとした物語である。ユダヤ人を怒らせ殺されたキリスト教徒の少年に対して sely が用いられている。「純朴」,「純心」,「無防備の」,「哀れな」,「天上に召された」(blessed) 等，種々の意味が交錯している。

殉教伝ないし殉教者と sely の関係の強さは，当該ジャンルのパロディにおいて sely が使われることからも分かる。チョーサーの『カンタベリー物語』の「粉屋の話」がそうである。大工のジョンは，騙され易く，下宿しているオクスフォードの学僧に若い女房を寝取られてしまう。彼の受難は legend として位置づけられる。

> This **sely** carpenter goth forth his wey.
> Ful ofte he seide "Allas and weylawey,
> And to his wyf he tolde his pryvyetee,
> She was war, and knew it bet than he,
>
> MilT I (A) 3601-4

(この木訥で騙されやすい大工は立ち去る。彼はしばしば言った。「アー何てこった。そして妻に彼の秘密を打ち明けた。彼女は気づいていた。彼以上によく知っていた。)

他に, 'This jalous housbonde' 3404, 'This sely carpenter' 3423, 'This sely carpernter' 3614, 'This sely Absolon' 3744

(ii) 言葉の選択——他作品との比較

「ディドー」は文学の材源として様々な作家(ヴァージル, オーヴィッド, ボッカチオ, チョーサー等)により繰り返し扱われているモチーフである。チョーサーはこのモチーフについて, 先達の様々な文献を渉猟し, 彼が生きた時代・社会を踏まえ, 新たな文脈の中で再構築している。『善女伝』では女王としての社会的な倫理・正義感ではなく, エネアスに一目ぼれし, 心が大きく揺れていく, 情動面が強調されている。Burnley (1979) が指摘するように, 14世紀後半の文学傾向,「哀感」偏重が基底にあるのかもしれない。

ここではヴァージルとチョーサーの他の作品の事例を取り上げ, 作家がどのような形容辞ないし名詞をディドーに付しているかを比較してみよう。

1. ヴァージル (『アエネイス』(*Aeneid*)) のディドー

トロイを脱出したアエネイスが, 神の命を受け, いかにしてローマを建国したかを叙した一大叙事詩である。途中彼

の船は難破し、カルタゴに立ち寄る。当国の女王ディドーと恋に陥る。アエネイスは神の命に生きるべきか、個人の愛に生きるべきか葛藤するが、彼女と決別し、ローマ建国に向かう。他方ディドーは彼に見捨てられ、苦悶の中自害する。彼女の苦悶は同情的に描かれている。

「不運な」,「騙されやすい」の形容辞が使用されている。

Tum vero infelix fatis exterrita Dido mortem orat; ... Book IV 450
(Then, indeed, awed by her doom, luckless Dido prays for death; ...)
infelix: unfruitful, unfortunate, miserable

Cf. 'inscia Dido' Book I 718 inscia: ignorant, stupid, silly
(彼女のアエネイスへの一目ぼれに言及して)

2. チョーサー(『公爵夫人の書』,『名声の館』)のディドー

『公爵夫人の書』

語り手は大事なものを亡くして悲嘆にくれる黒衣の騎士に対し、悲しみのために自害するようなことがあれば、地獄落ちだと教え諭している。この時用いられた譬えの一つが「ディドー」である。

彼女の自殺を酷評する語、fool(愚か者)に注意されたい。

For he had broke his terme-day
To come to hir. Another rage
Had Dydo, the quene eke of Cartage,
That slough hirself for Eneas
Was fals—which a fool she was!
The Book of the Duchess BD 730-4

(というのは彼(デモホン)は彼女のところに帰る約束を破ったのだ。カルタゴの女王，ディドーも同様に激しく悲しんだ。エネアスが偽ったために彼女は自害したのだ。彼女は何と愚か者であることか。)

『名声の館』

　語り手は12月，ヴィーナスの寺院において，次の絵画を見た：トロイの滅亡，トロイからのエネアスの脱出，エネアスの船の難破，カルタゴへの避難；エネアスの母，ヴィーナスによるイタリア行きの命令；カルタゴでディドーは彼に一目ぼれ；エネアスは彼女を捨てて，イタリアへ。

　ディドーは，裏切り者エネアスに比べれば，同情的に描かれている。しかに彼女のエネアスの表面のみを見て判断した信じやすさ，愚かさが批判的に記述されている。また，エネアスは，確かに彼女に対しては裏切り者であるが，神ヴィーナスの命によりイタリア行くことが明らかにされている。

　「愚かな」，「無知な」)の形容辞が使用されている。

> Therfor be no wyght so nyce
> To take a love oonly for chere,
> Or speche, or for frendly manere, HF 276-8

(nyce=ignorant)

(だから顔を見ただけで，言葉を聞いただけで，また親しげな物腰だけで恋してしまうようなあんな愚か者はいないですな。)

> Al this seye I be Eneas
> And Dido, and hir nyce lest,
> That loved al to sone a gest; HF 286-8

(こういったこと全てはエネアスとディドー，それから彼女の愚かな情欲について言っているんだ。彼女はあまりにも性急に新参者に恋したのだ。)

(4) 第二プリズム

　第二プリズム，読者は，表現を通して第一プリズム，作者の視点の動きを推論し，解釈を試みる。ディドーに関して，作者は読者に彼女を善女としてみる立場とそれを懐疑する立場の双方を許しているように思える。宗教的基準では，クリセイデの流動性に対して，ディドーは，エネアスへの愛を貫いて死を遂げている。世俗的な愛とは言え，愛の殉教である。少なくとも裏切ったエネアスに対して，彼女は「善」である。尤もキリスト教の立場では，もちろん自害は大きな罪である。社会的基準で見ると，エネアスの外観に一目ぼれし，女王である社会的な立場を忘れ，彼をすぐに受け入れ結婚まですることは，たとえ彼に裏切られたとしても軽率の謗りをまぬかれまい。下記の描写において，ディドーの目がいかにエネアスの外観・みかけに貼り付けられ，彼女の心が新しいものにいかに速く動いていったかが，浮き彫りにされている。

> And saw the man, that he was **lyk** a knyght,
> And suffisaunt of **persone** and of **myght**,
> And **lyk** to been a verray gentil man;
> And wel his wordes he besette can,
> And hadde a noble **visage** for the nones,
> And formed wel of **braunces** and of **bones**.
> For after Venus hadde he swich **fayrnesse**
> That no man myghte be half so **fayr**, I gesse;

And wel a lord he **semede** for to be.
And, for he was a straunger, somwaht she
Likede hym the bet, as, God so bote,
To som folk ofte newe thyng is sote.
Anon hire herte hath pite of his wo,
And with that pite and for gentillesse,
Refresshed moste he been of his distresse.
                              (LGW 1064-81)
(男を見た。騎士のようだった。体つきそして力,見事であった。まさに本物の高貴なお人のようであった。言葉を実に巧く操り,まさに気高い顔形で,筋骨隆々であった。というのもヴィーナスに似てすばらしい容姿で,誰だってその半分も美しくなることはできなかった,と思う。彼はまるで君主のように見えた。彼は初めての人だったので,その分彼が好ましく思えるのだった。はっきり言って,ある人にとっては新しいものはしょっちゅう心地よいものである。すぐに彼女は彼の悲しみを哀れに思い,その哀れみの情と優しさのために彼を必ず苦しみから解放せねばならないと思った。)

しかし,人間的基準に照らせば,彼女の感情の動きは生身の人間としては自然なものである。人の恋は目から始まり,心が動揺していくのである。ディドーが,'good'か否かは,第二プリズムの物差しによって,相対的に流動的である。

(5) 解釈

4.(4)で見たように,ディドーに使われた言語表現は,第二プリズムを通して微妙な揺れを起こし,曖昧性が生起する可能性がある。'sely Dido' の sely は,「天上で至福の状態にある」(世俗版,一途な愛故の死である——但し自殺はキリスト教では禁じられていた),「純心な」,「無防備の」,「騙されやすい」,「愚かな」など,微妙な意味の屈折を示す。また

タイトルにもある 'good women' の 'good' は字義通りにもまたアイロニカルにも広がるのである。男性にくらべれば女性はまだましというのであれば，文字通り機能するが，他方，一目ぼれ故の脆さが強調されると，皮肉っぽいものとしても解せるように思える。

5．おわりに

　『善女伝』の一つ「ディドー伝」を通して浮上する女と男を見てみると，エネアスは女性を裏切る「悪」として一貫性をもって描写されている。原典での神の使命は，チョーサーではエネアスのイタリアにいく口実に成り下がっている。二重プリズムの起動，プラス・マイナスの価値の移動幅は，小さく閉じられている。他方ディドーは決して単純ではない。ここでは二重プリズムの活発な動きが見られる。チョーサーは「善」を書くと表明して書き始めたにも拘わらず，実際の描写においては彼女の生身の人間の在りようにスポットを当てている。そこでは読者の視点の移動によって，彼女の「善」の部分とそうとは評価し得ない部分が見られ，彼女を記述する言語表現は，sely に見たように，曖昧になる可能性がある。本作品を見る限り，男性のイメージは固定的で，女性のイメージは微妙で複雑である。生身の人間の在りようと人間的な弱さが照射されるとき，その表現は思わぬ意味の広がりをもってくる，つまり二重プリズム構造が構築されていくように思える。この点の更なる追究は今後の課題である。

参考文献

- Ames, Ruth M. 1986. "The Feminist Conncections of Chaucer's of *Good Legend Women.*" *Chaucer in the Eighties.* Ed. Julian N. Wasserman and Robert J. Blanch.Syracuse University Press, 57-74.
- Benson, Larry D. ed. 1987. *The Riverside Chaucer: Third Edition Based on The Works of Geoffrey Chaucer Edited by F. N. Robinson.* Boston: Houghton Mifflin Company.
- Brown, Peter. ed. 2000. *A Companion to Chaucer.* Oxford: Blackwell Publishers.
- Burnley, D. 1979. *Chaucer's Language and the Philosophers' Tradition.* Chaucer Studies ii. Cambridge: D. S. Brewer.
- Burnley, J. D. 1982. "Criseyde's Heart and the Weakness of Women: An Essay in Lexical Interpretation." *Studia Neophilologica* 54, 25-38.
- Burnley, D. 1983. *A Guide to Chaucer's Language.* London: Macmillan.
- Burnley, J. D. 1992. "Lexis and Semantics." Norrman F. Blake, ed., *The Cambridge History of the English Language.* Vol II 1066-1476. Cambridge: The Cambridge University Press, 409-99.
- Cooper, Geoffrey. 1980. ""Sely John" in the "Legende" of the *Miller's Tale.*" *JEGP* 79, 1-12.

Cox, Catherine. 1997. *Gender and Language in Chaucer.* Gainesville, FL: University Press of Florida.

Dinshaw, Carolyn. 1989. *Chaucer's Sexual Poetics.* Wisconsin: The University of Wisconsin Press.

Einenkel, Eugen. ed. 1884. *The Life of Saint Katherine — From the Royal MS. 17 A. XXVII. with Its Latin Original.* EETS, OS, 80. (Kaus Reprint Co. Milwood, N.Y. 1978.)

Empson, W. 1930 (2nd edn. 1947). *Seven Types of Ambiguity.* Harmondsworth: Penguin Books.

Fairclough, H. R. trans. 1916. (rpt. 1974) *Virgil—Eclogues Georgics Aeneid, 1-6.* Loeb Classical Library, 1st prt.

Frank, R. W. 1972. *Chaucer and the Legend of Good Women.* Cambridge, Mass.: Harvard University Press.

Furnivall, F. J. ed. *Hali Meidenhad—An Alliterative Homily of the Thirteenth Century.* New York: Greenwood Press, Publishers.

Gray, Douglas. 1979. "Chaucer and 'Pite'." Mary Salu and Robert T. Farrell, eds., *J.R.R. Tolkien, Scholar and Storyteller: Essays in Memoriam.* Ithaca, N.Y., 173-203.

Hamaguchi, Keiko. 2006. *Chaucer and Women.* Tokyo: Eihosha.

Knapp, Peggy A. 2000. *Time-Bound Words: Semantic and Social Economies from Chaucer's England to Shakespeare's.* London: Macmillan.

Kurath, H., S. M. Kuhn, and R. E. Lewis. eds. 1952–2001. *Middle English Dictionary.* Ann Arbor: The University of Michigan Press.

Martin, Priscilla. 1990. (rpt. with alterations 1996). *Chaucer's Women—Nuns, Wives and Amazons*. London: Macmillan.

中尾佳行. 2004. 『Chaucer の曖昧性の構造』東京：松柏社.

Perceval, Florence. 1998. *Chaucer's Legendary Good Women*. Cambridge: Cambridge University Press.

齋藤 勇. 2000. 『チョーサー：曖昧・悪戯・敬虔』東京：南雲堂.

Simpson, J. A. and E. S. C. Weiner. eds. 1989. *The Oxford English Dictionary*. 2nd ed. Oxford: Clarendon Press.

Sanderlin, George. 1986. "Chaucer's Legend of Dido—A Feminist Exemplum." *ChaucerR* 20, no.4, 331-40.

Tatlock John, S. P., and Percy MacKaye. 1969. *The Complete Poetical Works of Geoffrey Chacuer—Now First Put into Modern English*. The Macmillan Company.

外山滋比古. 1964 (1981. 8th pr.). 『修辞的残像』東京：みすず書房.

Watt, Diane. ed. 1997. *Medieval Women in Their Communities*. Toronto Buffalo; University of Toronto Press.

補遺 A：OED 資料

OED s.v. legend

[a. F. *légende* (recorded from 12th c.) = Sp. *leyenda*, Pg. *legenda*, *lenda*, It. *leggenda*, ad. med.L. *legenda* 'what is read', f. *legeˇre* to read.

1. The story of the life of a Saint. **c1375--**

2. A collection of saints' lives or of stories of a similar character. ***the Legend***, spec. a mediæval collection of saints' lives written by Jacobus de Voragine, Archbishop of Genoa, in the 13th century; now usually called ***the Golden Legend*** (*Legenda Aurea*), the name popularly given to it in the Middle Ages.
--c1340

† 3. A story, history, account. *Obs.*

c1385 CHAUCER *L.G.W.* Prol. 473 The moste partye of thyn lyf spende In makynge of a gloryous legende Of goode wemen.

c1386 — *Shipman's T.* 145 Thanne wolde I telle a legende of my lyf, What I haue suffred sith I was a wyf.

--1671

OED s.v. glorious

3.a. Of persons and things: Possessing glory; entitled to brilliant and lofty renown, illustrious. *spec.* As an epithet of:

Now somewhat *rare*; the mod. use as applied to persons (e.g. in 'Glorious John' as a designation of Dryden) belongs to sense 5. (The AF. Coronation Oath of 1307 speaks of 'le glorious Rei Seynt Edward'.)

13.. *K. Alis.* Now is ded kyng Porus, Alisaunder is kyng glorious.

?a1400 *Morte Arth.* 1 Grett glorious Godd, thurgh grace of hym selvene..

Schelde us ffro schamesdede and synfulle werkes.

c1460 *Towneley Myst*.iii. 166 My name is of dignyte, and also full glorious.

1483 CAXTON *Gold. Leg.* 174/1 Saynt austyn preched a glorious sermone & declared there to the kynge the crysten feythe openlye.

1500-20 DUNBAR *Poems* XXV. 91 Quhilk grant the glorious Trinitie!

補遺 B：OED 資料

OED s.v. seely < OE

1. (Cf. SELE *n*. 2). ? Observant of due season, punctual. c1200 --

2. Happy, blissful; fortunate, lucky, well-omened, auspicious. c1250-1483

3. Spiritually blessed, enjoying the blessing of God. Said of persons, their condition of experiences. a.1225-c1400

4. Pious, holy, good. a1225-a1450

5. Innocent, harmless. Often as an expression of compassion for persons or animals suffering undeservedly. c1290-a1604

6. Deserving of pity or sympathy; pitiable, miserable, poor; helpless, defenceless. Cf. SILLY *a.* 1, 1 b. 1297-1602

b. Often of the soul, as in danger of divine judgement. 1310-1529

7. Insignificant, trifling; mean, poor; feeble. 1297-1642

b. Frail, worn-out, crazy. 1562-1587

8. Foolish, simple, silly. a1529-1622

チョーサーの作品における
男を支配する女たち
— グリセルダとバースの女房の場合 —

地 村 彰 之

はじめに —— 中世における女と男

　阿部謹也（1991, 1992）によると，初期中世から近代に至るまで，結婚は愛とはほとんど無関係で家と家との絆のために利用され，夫にとって妻は財産の一つに過ぎなかった。教会は夫婦の性的関係まで望ましいとせず，子孫を残すための快感を伴わない行為は認められたという。現世の肉欲を遠ざけようとする禁欲こそが大事なものである。そのような時代に，歳の離れたアベラールとエロイーズの師弟関係が恋愛関係になり，そして二人がそれぞれ修道院で遁世した生活を送るようになったことが，二人の往復書簡集に記されている。12世紀の後半には，フランスでは人間の個人を大事にする愛が禁欲的な風潮の中で芽生えていたことを示している。これが中世ヨーロッパにおける宮廷愛へ繋がっていくものかも知れない。イギリスでは『修道女案内』などが13世紀に書かれ修道女の規律などが当時の散文で語られており，修道女のあるべき姿が語られる。この作品はイギリスからヨーロッ

パへと発信され,英語以外の外国語に翻訳されるほどの人気を博した。裏を返せば,その模範的な道徳に合わない個人の愛を大切にする女性が出現していたのかも知れない。14世紀後半という中世後期に,チョーサーが,女子修道院長マダム・エグレンティーヌという高い地位の女性を,ロマンスのヒロインさながら俗世間的な人物として表出したことは,個人を重んじる人間愛を感じさせるものである。

本論では,チョーサーの『カンタベリー物語』において「学僧の話」に登場するグリセルダと,物語の登場人物の一人であるバースの女房とその彼女が語る物語の中に登場する老婆に焦点を当てながら,二つの両極端なタイプの女性像を追っていく。そして,両者に共通するものを見出すことを目的とする。

図1: 女子修道院長

1. チョーサーにおける女と男 —— グリセルダとワルテル

本節では,「学僧の話」の主人公であるグリセルダとワルテルについて,それぞれの人物像を探る。特に,強く生き抜いたグリセルダという女性の姿を明らかにしたい。

(1) グルセルダ

　チョーサーには非常に忍耐強い女性が登場する。その一人がグルセルダである。夫のワルテルからの仕打ちに対してじっと喜んで耐え忍ぶ姿が，自ら使う大変謙虚な話し言葉とうまく釣り合いが取れている。彼女の言葉には自らを否定するような表現が多く使われている。否定表現を使いながら，彼女はワルターの意のままに任せ，変わらぬ忠誠を誓う。彼女の変化しない態度は不自然ではなく，むしろ純朴な喜びと結びついているように見える。心と言葉が見事に調和している。じっと辛抱していることに喜びを感じているようにさえ思われる。予想とは裏腹であるが，この作品には喜びを表わす表現が多くある。

　よく引用される『カンタベリー物語』の「総序の歌」の一節 "And gladly wolde he lerne and gladly teche." (I(A) 308)（そして彼は喜んで学び，喜んでおしえるのでした。日本語訳はすべて桝井迪夫訳『完訳カンタベリー物語』による。）は，「学僧の話」の語り手であるオックスフォードの学僧そのものを語っているが，その学僧（話の中ではワルテルがその役目をしている）の指導を喜んで受け入れているグリ

図2: オックスフォードの学僧

セルダの姿が想像できる。ただワルテルの指導法は義務的・強制的な教授法である。他の人には苦痛を感じさせることが，グリセルダにとっては自然な喜びにつながっている。グリセルダはそのような否定的な世界に自然に入っていく。

> Wondrynge upon this word, quakynge for drede,
> She seyde, "Lord, undigne and unworthy
> Am I to thilke honour that ye me beede,
> But as ye wole youreself, right so wol I.
> And heere I swere that nevere willyngly,
> In werk ne thoght, I nyl yow disobeye,
> For to be deed, though me were looth to deye." (359-64)

（この言葉を聞いて驚きながら，畏れのために震えながら，彼女は言いました。「領主様，わたくしはあなたが，わたくしにお与え下さいますようなこの名誉には全く値しない，値打ちのない者でございます。ですが，あなたが自らお望みになりますように，わたくしもそのとおりに望みます。ここでわたくしは行いにおいても考えにおいても，自分から進んであなたに背くなどということは決してしないことを誓います。死は嫌ですけれど，たとえ死ぬようなことがあっても」）

彼女は「この名誉には全く値しない，値打ちのない者」と自分のことを肯定化せずに非常に謙虚に語る。彼女は決して自らの行動と思考において，領主であるワルテルに従うとは言わないが，たとえ死んでも背くようなことはしないというように否定的に物を言う。

ワルテルが常に否定的に発言する命令にグリセルダの否定表現は呼応しているのであろうか。彼女の次のスピーチは

ウィニー (Winny) が述べるように彼女の不満を反映しているのであろうか。

> "I have," quod she, "seyd thus, and evere shal:
> I wol no thyng, ne nyl no thyng, certayn,
> But as yow list. Naught greveth me at al,
> Though that my doughter and my sone be slayn, –
> At youre comandement, this is to sayn.
> I have noght had no part of children tweyne
> But first siknesse, and after, wo and peyne.
> "Ye been oure lord; dooth with youre owene thyng
> Right as yow list. axeth no reed at me.
> For as I lefte at hoom al my clothyng,
> Whan I first cam to yow, right so," quod she,
> "Lefte I my wyl and al my libertee,
> And took youre clothyng; wherfore I yow preye,
> Dooth youre plesaunce; I wol youre lust obeye.
> "And certes, if I hadde prescience
> Youre wyl to knowe, er ye youre lust me tolde,
> I wolde it doon withouten necligence;
> But now I woot youre lust, and what ye wolde,
> Al youre plesance ferme and stable I holde;
> For wiste I that my deeth wolde do yow ese,
> Right gladly wolde I dyen, yow to plese.
> "Deth may noght make no comparisoun
> Unto youre love." (645-67)

（「わたしはこのように申し上げましたし，またこれからも申し上げることでしょう」と彼女は言いました。「わたしは何も望みませんし，それに確かに，あなたが望まれるのでなければ何も望むことはこれからもございません。何もわたしを悲しませるものはございません。たとえわたしの娘や息子が殺されることがありましても。これは，あなたの

ご命令のままに殺されても、ということでございます。わたしは二人の子供からは初めに陣痛の苦しみ、のちには悲しみと苦痛以外には何ももちませんでした。

あなたはわたしたちの領主です。あなたご自身のものに対してあなたのお望みになるようになさいませ。わたしから忠告などお求めなさいますな。というのも、わたしが初めてあなたのもとに参りましたときに、家にわたしの衣類を全部残してきましたようにわたしの意志も、わたしの自由もすべて残して参りました。そしてあなたの下さった衣服を頂きました。そういうわけでございますから、お願いですが、あなたの気に入ることをなさいませ。わたしはあなたのご意志に従うだけでございます」と彼女は言いました。

「確かに、もしあなたがあなたのご意志をわたしにお話になる前に、それを前以て知るような先見の明を持っていましたのなら、それを怠らずにしたことでございましょう。だが、今あなたのご意志や望んでおられることを知った以上、わたしはあなたの確固不動のお気持ちのすべてに従うつもりでございます。というのは、もしわたしの死があなたを幸せにするということを知っておりますなら、まさに喜んでわたしは死にもいたしましょう、あなたを幸せにするためでしたら。

死もあなたへの愛に比べれば何の比較にも値しません」。)

「もしわたしの死があなたを幸せにするということを知っておりますなら、まさに喜んでわたしは死にもいたしましょう」にあるように、たとえ上記引用文がグリセルダの不平を意味するとしても、彼女はワルテルに何をするように（いや、何をしないように）命令されても「喜んで」それを受け入れていくことがわかる。

舞台はワルテルの新たな結婚式に移る。ワルテルはセレモ

ニーには多くの手がいるという口実で，無垢で哀れなグリセルダを呼び戻す。

> And she with humble herte and glad visage,
> Nat with no swollen thoght in hire corage,
> Cam at his heste, and on hire knees hire sette,
> And reverently and wisely she hym grette. (949-52)
> (すると彼女は謙遜な心に喜ばしい顔をして，心に抑え付けられた悪感情のかけらもなく，彼の命に従ってやって参りました。そしてひざまずくと，恭しく慎重な態度で彼に挨拶をいたしました。)

彼女は素直に謙虚でうれしい気持ちを表わす。彼女の喜びは自然に次の否定表現が繰り返し使われているスピーチにおいて姿を現す。

> "Nat oonly, lord, that I am glad, " quod she,
> "To doon youre lust, but I desire also
> Yow for to serve and plese in my degree
> Withouten feyntyng, and shal everemo;
> Ne nevere, for no wele ne no wo,
> Ne shal the goost withinne myn herte stente
> To love yow best with al my trewe entente." (967-73)
> (「領主様，わたしは喜んであなたのお望みになっていることを果たします。それだけでなく，わたしの力でできます限り，まめまめしくあなたに仕え，あなたの気に入るようにしたいと思っています。これからいつまでも。ただの一度だって，幸せにつけ，わたしの心の中なる魂は全身全霊を捧げてあなたをこの上なく愛することを止めることはないでしょう」)

グリセルダは,「喜んであなたのお望みになっていることを果たします」と確固たる調子で述べ,否定表現を立て続けに用いて自らの愛をなくすことはないと言う。彼女は,自らの身を粉にしても私心を棄ててワルテルに仕えようとする。ワルテルが方便を使っていたことがわかったにしても,自分の愛する子供たちを守っていてくれたワルテルに対する感謝の言葉は,どんな逆境に対しても対処できる強い女性の姿を示していると言える。

> "Grauntmercy, lord, God thanke it yow," quod she,
> "That ye han saved me my children deere!
> Now rekke I nevere to been deed right heere;
> Sith I stonde in youre love and in youre grace
> No fors of deeth, ne whan my spirit pace!" (1088-92)
> (なんというありがたいことでしょうか。領主様。あなたがわたしの愛する子供をわたしのためにお救い下さったことに神様があなたにお報いになりますように!今わたしはまさにこの場で死んだとしてもちっとも構いはしません。わたしはあなたの愛情とあなたの好意を今また受けています以上,死ぬことなぞちっとも構いません。またいつわたしの魂がわたしの身体を離れても構いません。!)

(2) ワルテル

　一方,ワルテルはグリセルダの忍耐心を試すために,否定表現を通して様々な嘘を言う。最たるものは何もしないようにという命令であり,それが否定表現によって表わされる。男性社会において見られる女性を支配する典型的な男である。ワルテルは公爵として自らの臣下のみならず妻であるグ

チョーサーの作品における男を支配する女たち　113

リセルダを支配する。

　まず，ワルテルは自分の妻を選ぶ際に家臣たちに文句を言わせないように命令する。

> "And forthermoore, this shal ye swere: that ye
> Agayn my choys shul neither grucche ne stryve;
> For sith I shal forgoon my libertee
> At youre requeste, as evere moot I thryve,
> Ther as myn herte is set, ther wol I wyve;
> And but ye wole assente in swich manere,
> I prey yow, speketh namoore of this matere." (169-75)
> (「さらにその上，このことを誓ってもらいたい。お前たちがわたしの選択に対しては不平を言ったり，逆らったりすることがないように，ということだ。なぜなら，わたしがお前たちの要求に応じてわたしの自由を断念する以上，わが栄えを望むごとく確かに，わたしの心が定まったところでわたしは妻を娶ることにしようと思うからだ。だが，もしお前たちがこのような考えに同意しないのなら，お願いだが，このことはもう話さないでもらいたい」)

　第二に，ワルテルはグリセルダに献身的な従順性を要求し，彼女の自由意志を完全に奪い取ってしまう。

> "I seye this, be redy with good herte.
> To al my lust, and that I frely may,
> As me best thynketh, do yow laughe or smerte,
> And nevere ye to grucche it, nyght ne day?
> And eek whan I sey 'ye,' ne sey nat 'nay,'
> Neither by word ne frownyng countenance?
> Swere this, and heere I swere oure alliance." (351-57)

(「わたしはこのことを申し上げます。あなたがすすんでわたしの願いにすべて応じて下さるということ，そしてまた，これがわたしには一番望ましいと思われるのだが，わたしがあなたを笑わせようと，苦しめようと，わたしは自由で，しかもあなたは日夜そのことで決して不平を言わないことです。またわたしが「そうだ」と言うときに言葉でも顔をしかめても「いや」と言わないこと，このことを誓ってほしい。そうすればここでわたしはわたしたちの結婚を誓う」)

第三に，ワルテルは妻のグリセルダを試すために意図的に言ったすべての嘘を否定して真実を語るときに否定表現を使う。神の前で誓うところは印象的であるが，自らの罪を告白するところでも有無を言わせないような調子が感じられる。

"This is ynogh, Grisilde myn," quod he;
"Be now namoore agast ne yvele apayed.
I have thy feith and thy benyngnytee,
As wel as evere womman was, assayed,
In greet estaat and povreliche arrayed,
Now knowe I, dere wyf, thy stedfastnesse" –
And hire in armes took and gan hire kesse.
And she for wonder took of it no keep;
She herde nat what thyng he to hire seyde;
She ferde as she had stert out of a sleep,
Til she out of hire mazednesse abreyde.
"Grisilde," quod he, "by God, that for us deyde.
Thou art my wyf, ne noon oother I have,
Ne nevere hadde, as God my soule save!
"This is thy doghter, which thou hast supposed
To be my wyf; that oother feithfully
Shal be myn heir, as I have ay disposed;

チョーサーの作品における男を支配する女たち 115

Thou bare hym in thy body trewely;
At Boloigne have I kept hem prively;
Taak hem agayn, for now maystow nat seye
That thou hast lorn noon of thy children tweye.
"And folk that oother weys han seyd of me,
I warne hem wel that I have doon this deede
For no malice, ne for no crueltee,
But for t'assaye in thee thy wommanheede,
And nat to sleen my children — God forbeede!—
But for to kepe hem pryvely and stille,
Til I thy purpos knewe and al thy wille." (1051-78)
(「もう十分だ，わたしのグリセルダよ」と彼は言いました。「もうこれ以上驚きおののいたり，気を悪くしたりしないでおくれ。わたしはお前の忠実さと，お前の寛容な優しさを，女としてよくもこれほど耐えられるかと思うほどに，試してきた。高貴な地位にいた場合と貧しい装いをした場合の両方において。今やわたしには，愛する妻よ，お前の変わらぬ心がはっきりわかった」。そして侯爵は彼女を両の腕に抱いて接吻をいたしました。

　彼女は茫然としてそのことにちっとも気がつきませんでした。彼女は侯爵が自分になんと言ったのかも聞いていませんでした。彼女は茫然自失の体からわれにかえるまで，あたかも眠りから覚めたかのように振舞いました。「グリセルダよ，われらのために死に給いし神様にかけて」と彼は言いました。「お前はわたしの妻なのだ。お前以外の妻はわたしにはいない，今までにもいなかった。神様，わたしの魂をお救いくださいませ！

　お前がわたしの妻だと想像したこの娘はお前の娘なのだ。もう一人の子は，わたしがいつも心積りにしていたようにきっとわたしの世継ぎになろう。お前が本当にお前の体でその子らを産んだのだ。ボローニャでわたしは二人の子供を密かに養育していたのだ。さあ，子供たちを再び手に取

りなさい。もうお前は二人の子供のどちらも失くしてしまったなどということはできないのだよ。
　わたしのことで反対を唱えた人たちにわたしはとくといって聞かせたい。わたしはこの行為をなんら悪意や残忍な心から行ったのではなくて，お前の中の妻らしさを試してみたい心からであった。そしてわたしたちの子供たちを殺害するためではなくて―ああ，神様，殺すなどとんでもない―，わたしがお前の目的や意図を全部知るまで，子供たちを誰にも知られずにこっそりと養育しておくためだったのだ。」)

かくして，ワルテルは終始一貫して他者，特に妻のグリセルダに命令を下し支配する。

(3) まとめ

「学僧の話」はオックスフォードの学僧によって語られる。この語り手はグリセルダの忍耐心と美徳を客観的に描写する。その絶えず変わらぬ姿は，ころころ変化する一般大衆と対照的に現される。

"O stormy peple! Unsad and evere untrewe!
Ay undiscreet and chaungynge as a fane! (995-96)
（おお，激情の嵐のままに従う人たちよ！信頼のおけない，忠誠だったためしのないものたち，いつも思慮がなく，風見のようにしょっちゅう変わっている！）

そして，語り手は聴衆の中に大勢いると考えられる女性を意識して語りを進めていく。例えば，男は女の半分も忠実ではないと次のように述べる。

Though clerkes preise wommen but a lite,
Ther kan no man in humblesse hym acquite

As womman kan, ne kan been half so trewe
As wommen been, but it be falle of newe. (935-38)
(学者たちは女性たちをほとんど責めることはいたしません
けれども，謙遜なふるまいをすることにおいて女性に匹敵
するものはありえませんし，また女性の半分も真実な男も
ありえません。最近，例があったことであればいざ知らず。)

「チョーサーの結びの歌」において，語り手はさらに聴衆
の中の奥様方を意識してユーモアたっぷりにグリセルダのよ
うに忍耐強くある必要はありませんと述べる。

O noble wyves, ful of heigh prudence,
Lat noon humylitee youre tonge naille,
Ne lat no clerk have cause or diligence
To write of yow a storie of swich mervaille
As of Grisildis pacient and kynde,
Lest Chichevache yow swelwe in hire entraille!
Folweth Ekko, that holdeth no silence,
But evere answereth at the countretaille.
Beth nat bidaffed for youre innocence,
But sharply taak on yow the governaille.
Emprenteth wel this lessoun in youre mynde,
For commune profit sith it may availle.
Ye archewyves, stondeth at defense,
Syn ye be strong as is a greet camaille;
Ne suffreth nat that men yow doon offense.
And sklendre wyves, fieble as in bataille,
Beth egre as is a tygre yond in Ynde;
Ay clappeth as a mile, I yow consaille.
Ne dreed hem nat; doth hem no reverence,
For though thyn housbonde armed be in maille,

(1183-1202)
(おお，深い思慮にあふれる気高い奥様方よ，かりそめにも謙遜の心からあなたがたの舌に釘をうちつけ，黙るようなことはなさいますな。また，忍耐強くて心優しいグリセルダのような驚嘆すべきお話を学者先生にいとも熱心に書かせるような口実をお与えなさるな。やせこけたチチェヴァッチェがあなたをお腹の中に呑みこむといけませぬから！

少しも沈黙を守らず，いつも答え続けているエコーに見習うがよろしい。あなたが何も知らぬからといって馬鹿にされてはなりません。それどころか，断固としてあなた方に主導権をとりなされ。この教訓を深く肝に銘じておきなされ。それは人類の公益を促進する一助ともなりますゆえに。

さてあなたがた強力無比の奥様方，あなたがたは大きな駱駝ほども強いんですから，戦いに備えるがよろしい。男どもがあなたがたに危害を与えることのないようになさい。戦闘では弱く豪奢な奥様方よ，あなたがたは遠いかなたのインドの虎のように獰猛になりなされ。いつも水車小屋が鳴るようにがちゃがちゃしゃべりなされ。わたしはあなたがたに忠告いたします。

男たちを恐れないで下され。男たちにはなんの敬意も払わないでやんなされ。だってあんたの主人がいくら鎧甲で身を固めたところで，あんたの苦味のはしった能弁の矢は主人の胸あてにも前甲にも突き刺さることうけあいです。)

要するに，語り手は変幻自在で今まで述べたこととは正反対のことであっても聴衆の気をひきつけるためには何でも言えるのである。物語では辛抱強いグルセルダのことを賞賛して語りながら，最後には活気に満ちた男勝りのバースの女房のような女の前では忍耐強くなくてもよいし辛抱しなくてよいと述べる。

チョーサーの作品における男を支配する女たち 119

図3: 登場人物としてのチョーサー

最終的には，グリセルダの忍耐心がワルテルの暴君的支配に打ち勝つ。彼女は愛する子供たちと再会することによって至福の喜びを感じる。そして，語り手はこの世にはこれほど耐え忍ぶ女性はいないと述べながら，この話を終えている。「男たちを恐れないで下され。男たちにはなんの敬意も払わないでやんなされ。」に端的に表れているように，この最後のスピーチは，すでに話し終えたバースの女房を意識した言葉である。絶えず周囲を大事にし，すべての人たちから異論を唱えられることがないように配慮しているチョーサーのバランス感覚のある閉めであると言えそうである。

2．チョーサーの新しい女 —— バースの女房

「学僧の話」では，身分の高い公爵ワルテルは，グリセルダという社会的に身分は低いが高貴な心を持つ女性と名誉ある結婚をした。家にあっては心の平安のうちに静かな生活を送り，外にあっても十分幸福な生活を送った。身分は卑しく

ても、心が清いことが何よりも必要である。一方、『カンタベリー物語』には、グリセルダとは対照的な女性と言われているバースの女房という新しい女性が登場する。ただし、彼女はグリセルダと同じように庶民の出であると考えてよい。「総序の詩」には、若い頃の恋人は別として5人の夫を持っていた女性として描かれる。6人目の男とも一緒になることができるようなことまで言う。その夫たちとの関係は、彼女が語る話のプロローグで明らかにされていく。男との関係で自由

図4: バースの女房

を得ること、そして男を支配することを求めるという決して弱さを見せない女である。以下にアリスンの個性的な性格を表すところを引用する。

> For, lordynges, sith I twelve yeer was of age,
> Thonked be God that is eterne on lyve,
> Housbondes at chirche dore I have had fyve –
> If I so ofte myghte have ywedded bee –
> And alle were worthy men in hir degree. (4-8)
> (だって、皆様、わたしは十二歳になったときから、―ああ、有難や、永遠にまします神様―わたしは教会の扉の前で夫

を五人も迎えたのですよ。ま, これも五度のわたしの結婚がみんな, 正当であったとしての話ですけど。しかも夫たちは皆それぞれ社会では立派な人でございました。)

Yblessed be God that I have wedded fyve!
 [Of whiche I have pyked out the beste,
Bothe of here nether purs and of here cheste.
Divers scoles maken parfyt clerkes,
And diverse practyk in many sondry werkes
Maketh the werkman parfyt sekirly;
Of fyve husbondes scoleiyng am I.] (44a-44f)
Welcome the sixte, whan that evere he shal. (44-46)
(わたしが, 五度結婚できたのは, ああ神様, ありがたいこですわ！[あたしが選んだ人たちは下の金袋の中味も／金箱の中身両方とも最高の持ち主でした。／いろいろな学校に通ってこそ完全な学者になれ, ／多くの様々な仕事をいろいろ実践してこそ／確かに完全な職人になれます。／あたしは5人の夫によってしっかり教え込まれました。] 六番目の夫もやって来るならいつでも歓迎です。)(44a-44f は, 笹本長敬訳『カンタベリー物語（全訳）』（英宝社, 2002）による。)

Now, sire, now wol I telle forth my tale.
As evere moote I drynken wyn or ale,
I shal seye sooth; tho housbondes that I hadde,
As thre of hem were goode, and two were badde.
The thre were goode men, and riche, and olde;
Unnethe myghte they the statut holde
In which that they were bounden unto me. (193-199)

(さて, 殿方, 話を続けるといたしましょうか。—酒やビールが飲めなくなるといけないから, わたしは本当のことをお話しましょう。わたしの夫のうち三人は良い夫でございましたが, 二人は悪い人でした。その三人の方はいい人で, 金持ちで, 年を取っておりました。彼らはわたしに縛られている, つまり夫婦としての契約にはほとんど従うことができませんでした。)

アリスンは四番目の夫に語りが移る前に, 女性の自由意志と行動について次のように述べる。

> Thou sholdest seye, "Wyf, go wher thee liste;
> Taak youre disport; I wol nat leve no talys.
> I know yow for a trewe wyf, dame Alys."
> We love no man that taketh kep or charge
> Wher that we goon; we wol ben at oure large. (318-322)
> (お前さんはきっとこう言うだろうよ,「お前, お前さんの好きな所にお行き。骨休みして楽しむがいい。わしはお前さんの噂話など信じないからな。わしはお前さんこそ本当の妻だってことを知っているからねえ, アリス奥さん」とさ。わたしたちは自分たちの行く所を疑い深く見張っているような男は愛さないのです。わたしたちは自由に解き放たれていたいと思うんです。)

この最後の引用文は, アリスンが語る物語の中で「女性が最も望むものはなんであるか」の答えを求めて彷徨する若い騎士へと繋がっていくものである。

結局, アリスンは五番目の夫との関係においても優位に立つとともに, 一人の良妻として幸せな人生を送ったように思われる。

But atte laste, with muchel care and wo,
We fille acorded by us selven two.
He yaf me al the bridel in myn hond,
To han the governance of hous and lond,
And of his tonge, and of his hond also;
And made hym brenne his book anon right tho.
And whan that I hadde geten unto me,
By maistrie, al the soveraynetee,
And that he seyde, 'Myn owene trewe wyf,
Do as thee lust the terme of al thy lyf;
Keep thyn honour, and keep eek myn estaat' –
After that day we hadden never debaat. (811-822)
(わたしたち二人は最後にお互いに合意に達しました。彼はわたしに手綱を全部与えました。彼はわたしに家や土地の管理，いや彼の舌の管理も，また彼の手の管理も全部わたしの手にゆだねました。それでわたしはその時ただちにその場で彼の本を焼かせたんです。そこでわしが力と知恵の優越を示して，すべての支配権を手に入れ，彼も「わが真実の妻よ，生涯お前の好きなようにふるまい，お前の名誉を維持し，わたしの体面を保つように」と言ったその日から，わたしたちはついぞ言い争いをしたことはありません。)

「バースの女房の話」に入る。その昔，アーサー王が治世していた頃，その側近のある若者が乙女の操を強奪したため，法の定めるところにより，死罪を宣告された。しかし，王妃とたくさんの貴婦人たちが心から命乞いをお願いしたため，王は慈悲の気持ちからその騎士の一命を許し，その後の処置を婦人方に自由に任せることにした。

The queene thanketh the kyng with al hir might,

And after this thus spak she to the knight,
Whan that she saugh hir tyme, upon a day:
"Thou standest yet," quod she, "in swich array
That of thy lyf yet hastow no suretee.
I grante thee lyf, if thou kanst tellen me
What thing is it that women moost desiren.
Be war, and keep thy nekke-boon from iren! (899-906)
(妃は王に非常に感謝を捧げ，そのあと，ある日のこと，頃合いをみて騎士に次のように言いました。「お前はまだ現在のところ，お前の命の保障がないような状態にあります。もしお前がわたくしに，女性が最も望むものは何であるか告げることができるならば，お前の命を許してあげます。気を付けなさい。斧がお前の首の上に落ちかからぬように！……」）

そして，12ヶ月と一日の猶予をもらい，騎士は懺悔という試練に立たされながら，「女性が最も望むもの」に対する答えを求めて放浪の旅に出る。人それぞれによって答えは異なっていた。富，名誉，陽気さ，豪華な衣装，寝床の快楽，寡婦になってまた結婚すること，おべっかを言われること，自由であること，女の欠点を叱らないこと，賢くて罪がないきれいなものと思われたいこと，など様々な答えを得るがどうも確証できない状態にいた。グリセルダの様に「心変わりせずに思慮深いものと思われ，男の人が話してくれることをなんでも暴いたりしないことに，非常なよろこびを感じるのだと言います。」という答えについては，すぐにアリスンは否定し「わたしたち女はなんにも秘密にしておくことはできないんです。」と言う。結局途方にくれていたときに，一団となってダンスをしている貴婦人たちに出会うが，みな消えう

せ一人の醜い老婆だけがそこにいることがわかった。その老婆から最終的に答えを得て、宮廷の前で話すことになった。

> "My lige lady, generally," quod he,
> "Wommen desiren to have sovereynetee
> As wel over hir housbond as hir love,
> And for to been in maistrie hym above.
> This is your mooste desir, thogh ye me kille.
> Dooth as yow list; I am heer at youre wille." (1037-1042)
> (「わが主たるお后様、どこにおいても、女性たちは愛人に対してはもとより、夫に対しても支配権を持つことを願い、彼の上に君臨することを願っております。これがあなたの最大の願いです。たとえあなたがわたしを殺そうとも。さあ、あなたの好きなようにして下さい。わたしはここにあなたの意志のままに控えております。」)

これが一番全うな答えであることがわかり、一同それに異を唱えるものはいなかった。そこで、老婆が立ち上がりその答えを教えたのは自分であり、それが正解であればすべて、自分の要求することは何でもしなければならないと騎士が誓約したことを公然と披露した。その要求とは騎士が老婆である自分と結婚することであった。騎士は誓約したのであるから不承不承であるが、そうせざるを得なくなった。

そして、騎士は老婆から二つの中でどちらか一つの選択を迫られる。

> "Chese now," quod she, "oon of thise thynges tweye:
> To han me foul and old til that I deye,
> And be to yow a trewe, humble wyf,

And nevere yow displese in al my lyf,
Or elles ye wol han me yong and fair,
And take youre aventure of the repair
That shal be to youre hous by cause of me,
Or in som oother place, may wel be.
Now chese yourselven, wheither that yow liketh."
This knight avyseth hym and sore siketh,
But atte laste he seyde in this manere:
"My lady and my love, and wyf so deere,
I put me in youre wise governance
And moost honour to yow and me also.
I do no fors the wheither of the two,
For as yow liketh, it suffiseth me." (1219-1235)

(「さあ選びなさい。」と彼女は言いました。「これら二つのものの一つを。つまり死ぬまで醜くて年を取っているけれど、あなたには真実のつつましい妻であって、生涯一度もあなたの気に入らないことのないのと、それとも若くて美しいが、そのためにあなたの家や、またほかの場所でもそうですが、そこへ、訪問者がぞろぞろやって来るような機会をつくるのと、いずれか一つをね。さあどちらでも気に入るほうを自分で選んでください。」

この騎士は注意深く考慮し、深い溜息をつきます。だが、とうとう彼はこんなふうに言いました。「わが奥方にしてわが愛する人、また、かくもいとしい妻よ、わたしはあなたの賢い指図にお任せします。」)

若い騎士が自分のやりたいことを認めてくれたことを知った後、見事に老婆は若い美女に変身してこの話は大団円を迎える。以上のように、女性に支配権を与えればすべてうまくいくと言う例をアリスンは語ってくれた。彼女自身5人も

の夫と結婚し，現在年を取っていることは目に見えているので，この物語によってアリスンは自らの若返り願望を伝えるだけでなく，聴衆の前でいや学僧を当てこするかのように今日まで男を思う存分支配してきたことを証明しようとしたと言える。

3.「貧しさ」と「豊かさ」

本節では，グリセルダとアリスンの二人に共通したところを「貧しさ」と「豊かさ」という二つの基準から整理する。「総序の詩」で書かれた "And was a povre Persoun of a Toun, / But riche he was of hooly thoght and werk." (478-79)（「教区の貧しい司祭でしたが，聖なる思想や奉仕の仕事には豊かなものでした。」）という文は，教区司祭のことであるが，この貧しくても心はいつも豊かであったという点は，グリセルダとアリスンに通じている。

『カンタベリー物語』の登場人物には，何組か口喧嘩をしながらお互いが相手の弱点をつくような話を語る人達がいる。バースの女房のアリスンとオックスフォードの学僧はお互い相手を意識したものがたりをする。人物同志はぶつかり合っているように見えるが，「貧しさ」と「豊かさ」という視点からも，この二人が語る作品の結び付きを見ていくこ

図 5: 教区司祭

バースの女房と学僧はお互い喧嘩をしている間柄であるが，二人が語る物語りには「貧しさ」と「豊かさ」がついて回っている。「バースの女房の話」では，超自然的な力を利用して貧しくて醜悪な老婆を豊かで綺麗な若い女性に変身させる。「学僧の話」では，貧しい身分の若い女性が同時に辛抱強い心豊かな性質を持つ超人的な忍耐力のある女性を出現させる。

「バースの女房の話」では，懺悔の旅に出ている若い騎士が「女性が最も望むものは何であるか」という問い対する答を探している間は「貧しさ」と「豊かさ」については語られない。しかし，指定された回答の期日が迫り，森の所で２４人いやそれ以上の女性たちがダンスをしているのを見かけたとき，醜さに関する言葉が登場する。きれいな若い妖精たちは姿を消し，魔法にかけられて幽閉されていたような醜悪な老婆が現れる。

> No creature saugh he that bar lyf,
> Save on the grene he saugh sittynge a wyf –
> A fouler wight ther may no man devyse.
> Agayn the knyght this olde wyf gan ryse,
> And seyde, "Sire knyght, heer forth ne lith no wey.
> Tel me what that ye seken, by youre fey!
> Peraventure it may the bettre be;
> Thise olde folk kan muchel thyng," quod she. (997-1004)
> （どんな生き物も生命のあるものは何も見えません。ただ一人の女が緑の草の上に座っているのが見えただけでした。

チョーサーの作品における男を支配する女たち　129

それがまた，これ以上醜い者がいようとは誰だって考えられないような女でした。騎士の方に挨拶しようとこの年とった女は立ち上がって，そして言いました。「騎士殿，これから先は道なんざありません。あなたの真実にかけて，いったい何を探しておられるのか話して下さい！おそらくそうなさればあなたのためになりましょうよ。年をとった人は多くのことをしっているものですからね」と彼女は言いました。)

　まず，老婆自らが自分の身を「わたしは醜くて，年寄りで，貧乏でも」，自分はどんなことがあっても心から騎士の妻として忠実にお仕えすることを述べる。こうして，老婆主導で二人は結婚するが，若者の方は表面しか見ることが出来ないからか，至福に満ちた心理状態になることが出来ない。次の引用文に説明されている通りである。

"Nay, thanne," quod she, "I shrewe us bothe two!
For thogh that I be foul, and oold, and poore
I nolde for al the metal, ne for oore
That under erthe is grave or lith above.
But if thy wyf I were, and eek thy love."
"My love?" quod he, "nay, my dampnacioun!
Allas, that any of my nacioun
Sholde evere so foule disparaged be!"
But al for noght; the ende is this, that he
Constreyned was; he nedes moste hire wedde,
And taketh his olde wyf, and gooth to bedde.
Now wolden som men seye, paraventure,
That for my necligence I do no cure

To tellen yow the joye and al th'array
That at the feeste was that ilke day.
To which thyng shortly answeren I shal:
I seye ther nas no joye ne feeste at al;
Ther nas but hevynesse and muche sorwe.
For prively he wedded hire on morwe,
And al day after hidde hym as an owle,
So wo was hym, his wyf looked so foule.
Greet was the wo the knyght hadde in his thoght,
Whan he was with his wyf abedde ybroght;
He walweth and he turneth to and fro.
His olde wyf lay smylyng everemo (1062-1086)

（「いやです」と彼女は言いました。「わたしたち二人とも呪われてあれ！わたしは醜くて，年寄りで，貧乏でも，大地の下に埋まっている，あるいは表面に出ている金や銀をやるからと言ったって，あなたの妻で，あなたに愛されている人でなければ，わたしは承知できません」「ええっ，わたしに愛される人だって？」と彼は言いました。「とんでもない，わたしの地獄というものだ！ああ！わたしのような地位のあるものが，身分の下の者と結婚してこのようにひどく卑しい身分に下げられるとは！」だがすべては無駄でした。結論はこうなのです。彼はこの女と無理やりにも結婚しなければならなかったということです。騎士は年老いた妻を連れて寝床に行きます。さて，皆様の中にひょっとすると，わたしの怠慢から，当日の宴会の愉快なことだとか，準備一切のお話をするのをぬかっているという方がおありかもしれません。それに対しては手短にわたしはお答えいたしましょう。つまり，喜びも宴会も全然なかったと申し上げます。ただあったのは重い心と多くの悲しみだけでした。というのは，彼はこっそりと翌日この女と結婚をし，その

のち昼間はずっとふくろうのように身を隠しておりましたから。彼はひどく悲しみました。彼の妻がひどく醜く見えたものでしたから。彼が妻と床入りをしたときに騎士が心に抱いた悲しみといったらそれは大変なものでした。彼は寝返りをし，輾転反側します。彼の年老いた妻はその間じゅう笑みを浮かべて横たわっていました。）

このように，若者にとって老婆は自分の世界とは違うところに住んでいるように思われるので，騎士自身も「老いた」や「醜い」という言葉を使うことによって，接触することすら拒否する。それで，老婆は「貧しさ」と「豊かさ」について若者に講義する。老婆は自分の美徳を論理的に説明するが，若者には通じない。若者には年老いた醜さが貧しさに繋がる。結局，この若い騎士は外見上きれいに見える物，つまり表面的に豊かな物だけに目が奪われてしまう。そして美しい姿に変身した女性にすぐ惚れ込んでめでたくゴールインする。内面的に豊かなところは，老婆によって十分にお説教してもらうが，若い騎士は理解できたかどうかはわからない。醜い老女であっても，姿形を変えれば表面だけしか見えない男には通用する。最終的に騎士は大喜びするが，精神的に何も変化または成長したと言えず，物語のはじめにきれいな若い女に魅了されて強姦したことと同じような現つをぬかすことになる。

老婆がこの若い騎士をすべて支配したことがわかると，自ら変身して若くてきれいな女性に姿形を変えてしまう。悔悛の旅を終えた騎士と，魔法をかけられていたと考えられる

老婆は共に救済されたと考えることも可能である。このように，老婆が貧しいことを宣伝し貧しくて醜くても，意図的に豊かで美しいものに変えていくだけの力を持つことが出来ることを，この作品の語り手であるバースの女房であるアリスンは物語の上で証明して見せた。アリスンは運命を支配するだけの力を持っていると思っている。更に，これは，アリスン自身の若返り願望と若い男性と一緒になりたい願望が同時に成就されたことも意味している。

一方，「学僧の話」では，語り手である学僧が，上に述べたように運命を支配するほどの力を持ち，徹底的に従順な女性グリセルダを描く。アリスンとは対照的すぎる。公爵のワルテルもいつまでも結婚に踏み切らず，強姦を犯してまで若い女性を奪おうとはしないので，アリスンが語る若い騎士と較べると対照的である。身分は低くて貧しいが，内面的な美徳の豊かな女性グリセルダを選ぶ。貧しさと豊かさが同居している。ワルテルは，何度もグリセルダに試練を与え，強引な強制的な力に頼りながら，真の意味で豊かな人を勝ち取ることになる。ただ，グリセルダは，バースの女房が語る老婆とは違って，自然に貧しい事が美徳となること，つまり豊かな性質となり，夫のワルテルを改心させていく。老婆の方は運命の女神を支配するかのように意図的に「貧しさ」を「豊かさ」に変えようとする。

以上，二つの作品を比較しながら「貧しさ」と「豊かさ」の意味を考えてきた。両者に共通しているのは「バースの女房の話」では老婆が貧しい姿を現し，「学僧の話」ではグリセ

ルダが結婚する前と里帰りさせられたところで貧しい姿そのものを見せた。しかし，どちらの女性も内面的には豊かで，大変性格的に強い人間として描かれている。「バースの女房の話」では変身する女性として，「学僧の話」ではどんなに鞭を打たれても変化しない女性として，最終的にどちらも幸せを勝ち取る。女性たちの勝利である。

おわりに

　グリセルダもアリスンも強烈な個性を持った女性であり，男を最終的にリードしていく立場になる。グリセルダはじっと耐え忍んで勝ち取るのであるが，アリスンは自らの行動力によって女性の自由を獲得していくのである。形の上では違うような印象を受けるかもしれないが，本質的には頑として動かない女性の強さを見せつけている。つまり，グリセルダの受動性とアリスンの能動性は，著しく対照的な性質に見えるが，強い女性像を聴衆に提示したことになる。チョーサーが生きた中世は，まだ封建制が強く残っていた時代であったが，このように強い女性がたとえ文学作品の中であっても存在したことは，ますます中世を魅力的なものにしてくれる。

　[注]　図1から図5は1911年に出版された *The Ellesmere Chaucer*, Vols. I and II (Manchester: The University Press) からの引用である。

主要参考文献

阿部謹也 (1991)『西洋中世の男と女』筑摩書房.
阿部謹也 (1992)『西洋中世の愛と人格』朝日新聞社.
桝井迪夫訳 (1995)『完訳カンタベリー物語』岩波文庫.
大山敏子 (1955)『女性と英文学』篠崎書林.
畠中尚志訳 (1939, 1964, 1977)『アベラールとエロイーズ―愛と修道の手紙』岩波文庫.
笹本長敬訳 (2002)『カンタベリー物語(全訳)』英宝社.
Blake, N. F. ed. (1980) *The Canterbury Tales: Edited from the Hengwrt Manuscript.* London: Edward Arnold.
Burnley, D. (1983) *A Guide to Chaucer's Language.* London: Macmillan.
Burnley, D. (1986) "Courtly Speech in Chaucer," *POETICA.* 24, 16-38.
Coates, Jennifer. (1986, 1993^2) *Women, Men and Language.* London: Longman.
Cooper, H. (1989, 1996^2) *The Canterbury Tales* [Oxford Guide to Chaucer]. Oxford: OUP.
Coghill, N. (1956) *Geoffrey Chaucer.* London.
Correale, R. M. and M. Hamel (2002) *Sources and Analogues of the Canterbury Tales.* Cambridge, D. S. Brewer.
Davis, N. (1974) "Chaucer and Fourteenth-Century English," *Writers and Their Background: Geoffrey Chaucer*, edited

by D. Brewer. London: G. Bells and Sons.

Davis, N., D. Gray, P. Ingham, A. Wallace-Hadrill, (1979) *A Chaucer Glossary.* London: OUP.

Donaldson, E. T. ed. (1958) *Chaucer's Poetry: An Anthology for the Modern Reader.* New York: The Ronald Press.

Elliott, R. W. V. (1974) *Chaucer's English.* London: André Deutsch.

Hamaguchi, K. (2005) *Chaucer and Women.* Tokyo: Eihosha, 2005.

Jimura, A. (2005) *Studies in Chaucer's Words and his Narratives.* Keisuisha.

Kittredge, G. L. (1915) *Chaucer and His Poetry.* Cambridge, Mass.

Lakoff, Robin. (1975) *Language and Woman's Place.* New York: Harper and Row, Publishers.

Longsworth, R. (1974) "Chaucer's Clerk as Teacher," *The Learned and the Lewed: Studies in Chaucer and Medieval Literature*, edited by Larry D. Benson. Cambridge: Harvard UP, 61-66.

Manly J. M. and E. Rickert, eds. (1940) *The Text of the Canterbury Tales*, 8 vols. Chicago: U of Michigan P.

Masui, M. (1962, 1973) *Studies in Chaucer* (in Japanese). Tokyo: Kenkyusha.

Masui, M. (1964) *The Structure of Chaucer's Rime Words: An Exploration into the Poetic Language of Chaucer.* Tokyo: Kenkyusha.

Oiji, T. (1968) *Chaucer to sono Shuhen*. Tokyo: Bunrishoin.

Pearsall, D. (1985) *The Canterbury Tales*. London: George Allen & Unwin.

Reiss, Edmund.(1973) "Chaucer's Parodies of Love," *Chaucer the Love Poet*, edited by J.Mitchell and W.Provost. Athens: U of Georgia P, 27-44.

Ruggiers, Paul G. ed. (1979) *The Canterbury Tales: A Facsimile and Transcription of the Hengwrt Manuscript, with Variants from the Ellesmere Manuscript*. Norman, OK: U of Oklahoma P.

Winny, J. ed. (1966) *The Clerk's Prologue and Tale: from the Canterbury Tales by Geoffrey Chaucer*. London: CUP.

Wynne-Davies, M. ed. (1992) *The Tales of the Clerk and the Wife of Bath*. London: Routledge.

フランス中世文学にみる女と男

原 野　昇

はじめに

　フランス中世文学作品のなかで，女と男の関係がどのような関係であれ，異性として意識的に対立的に描かれていると思われる作品をとりあげ，そのような女と男の関係は，現実社会においてはどうであったのか，すなわち中世社会のどのような実情の反映なのか，また反映でないのかを考察し，フランス中世における文学的想像世界(イマジネール)のありようとその背景を探りたい。ある人間が相手（対象となる人間）を，異性として意識的に対立的にとらえている場合というのは，相手を一人の人格としてよりも，自分とは異なる性の人間として，性の違いを意識して対処している場合という意味である。

　1章では，物語(ロマン)に描かれた愛をめぐる女と男の姿を考察する。2章では，ファブリオおよび中編物語(ヌーヴェル)に描かれた女と男の姿を考察する。そこでは女と男の関係は愛というよりはむしろ性をめぐる関係としてとらえられている。3章では，物語(ロマン)とファブリオという二つのジャンルの出現時期を再考察する。従来文学史において，物語(ロマン)の隆盛に遅れてファブリオのようなジャンルが出現したとされ，それは現実社会におけ

る教会の権威や封建制の秩序が，都市の発展にともなう市民階級の台頭，隆盛にともない，ゆらいできたことと関係づけて説明されてきた。ここでは「文学の場」の概念を導入し，これら二つのジャンルが同時期に隆盛したとまでは言わないまでも，かなり重なっているのではないかということをみていきたい。

1. 物語（ロマン）に描かれた女と男

(1) 『ランスロ』

アーサー王の宮廷に未知らぬ騎士（後にメレアガンと分かる）が現れ，王に挑戦し，自分が勝てば王妃グニエーヴルを連れ去る，負ければ虜にしている王の家臣を返す，と言う。王の家令キューが相手をするが，敗れ，メレアガンは王妃を連れ去る。ランスロは王妃救出のため彼のあとを追う途中乗馬を失い，通りかかった囚人用の荷車に，一瞬ためらった後乗る。ランスロは「危険の床」「剣の橋」の試練を経て，王妃の囚われているゴール国に達する。メレアガンと戦い，王妃を救出するが，彼女は荷車に乗るのを一瞬ためらったランスロを最初は許さない。

これはクレチャン・ド・トロワ作『ランスロまたは荷車の騎士』 *Lancelot ou le Chevalier de la charrette* （1177-1181年頃，以下『ランスロ』と略記）のあらすじの一部である。騎士が移動に利用する乗り物としては馬以外には考えられない。その馬にもいろいろあり，軍馬 destrier は騎士が戦闘あるいは騎馬試合の際，さらには騎乗狩猟 chasse à courre の際に乗る馬で，冒険を求めての旅においても利用する。荷馬

sommier は荷物を運ばせる丈夫な馬であるが，社会的なランキングから言えば駄馬ということになる。それに対し，儀仗馬 palefroi は華麗な儀式や行列行進において登場する。貴族の女性が乗るのも palefroi である。『赤マントの騎士』Le Chevalier à la robe vermeille というファブリオでは，若き騎士が恋人の奥方の家を訪れる際に palefroi に乗って出かけている。このように，同じ馬でも乗る人，用途，乗る場面などに応じて使い分けられており，それぞれの種類の馬には自ずから社会的な意味も付随している。

　要するに騎士たる者は乗るとすれば軍馬か儀仗馬以外にはなく，荷車に乗ることなど考えられないことである。ましてここに登場するような囚人用の荷車に乗るなどというのは，騎士にとって屈辱の最たるものである。それだけに円卓の騎士ランスロがそれに乗ったと書かれていることには大きな意味が込められていると考えてよかろう。ランスロは，主君アーサー王の奥方グニエーヴルを愛しており，乗馬を失った今，王妃をさらって逃げていくメレアガンに追いつくために一刻も早く追いかけなくてはならない。そこにやって来た荷車を見て，飛び乗った。騎士たるものが乗るべきではない恥辱の荷車に，騎士としてのプライドを捨ててまで乗ったのである。このように描くことによって，グニエーヴルに対するランスロの愛がどれほど強かったかが表わされている。騎士が荷車に乗ったことがどれほどショッキングなことであったかは，このエピソードが作品全体のタイトルとして扱われていることからも分かる。

ところがランスロにとってはそれほど大きな決断であったにもかかわらず、王妃は彼を許さなかった。ローグル国の王ボドマギュがランスロの手をとって自分の所まで案内してくるのを見たグニエーヴルは立ち上がってボドマギュを出迎えるが，「いかにも不機嫌そうな顔をして下を向き，一言も発しなかった。」（神沢栄三訳『中世文学集2』白水社，80ページ）ランスロに会えて喜ぶだろうと思っていたボドマギュは，グニエーヴルにその態度について問いただす。するとグニエーヴルは次のように冷たい口調で答える。

　　わたくしが喜びますと？王さま，少しも嬉しくはありません。彼の訪問などわたくしには関係ありません。（同，80ページ）

　後日，ランスロ自身がこの件について彼女に問いただす。

　　王妃さま，先日わたくしにお会い下されました時，どうしてあのような御不興の様子をなされたのか，納得がまいりません。わたくしには一言もお言葉をかけては下さいませんでした。（同，90ページ）

　これに対して，王妃は次のように答える。

　　何ですって。… あなたが荷車に乗る時，二歩を行くほどの時間ためらっておられたのは，荷車にいやいや乗ったということです。（同，90ページ）

　実はランスロは荷車に乗る決断をする前に一瞬ためらっていたのである。

騎士はほんの二歩ばかり行く間，荷車に乗ることをためらった。このようにすぐに荷車に飛び乗らないで一瞬躊躇し，乗ることを恥じたのは彼にとって何と不幸なことであったろう。（同，15ページ）

騎士としての名誉と王妃への愛との葛藤は，ほんの一瞬，2歩行くほどの間でしかなかった。そのほんの一瞬のためらいでさえ弾劾されるほど，完全な恋人になるハードルは高いのである。奥方の愛を得るためには男性側がいかに大きな犠牲を払わなければならないかということが，読者／聴衆の間に浸透していったであろう。

一方，この作品においては当事者の女性の方も愛を得たいと恋い焦がれる様子が描かれている。王妃グニエーヴルは，自らの危険をもかえりみず自分を救出してくれたランスロを愛しており，そのランスロが，王妃をとらえているローグル国のボドマギュ王の家来たちによって殺されたという報せを聞いて，ランスロに冷たい態度をとったことを後悔し，次のように嘆く。

　ああ，なんとしたことでしょう。あの方がわたくしの前に現われた時，歓迎の気持を示すことも，耳を貸すこともしなかったとは，いったいわたくしは何を考えていたのでしょう。あの方を見ようとも，言葉をかけようともしなかったのは，なんと愚かなことでしょう。（同，85ページ）

ランスロが死んだというのは誤報であったのであるが，愛する人を失ったと信じている王妃の悲しみは深く，食事も喉

を通らずやせ衰え，周りの人から彼女は死んだと思われるほどの変わりようであった。

　男性側の相手の女性への愛はさらに激しい。王妃のやせ衰えぶりは，ランスロの耳に，王妃が死んだという噂となって届いた。あの最愛の王妃が死んだという報せを聞いたランスロの悲しみは深く，王妃が死んだのならこれ以上生きていく意味はないと，自殺を企てるのである。乗っていた馬の上で，締めていた自分のベルトをはずして輪をつくり，首を通して，その端を鞍に結びつけ，馬からすべり落ちたのである。周りの騎士がすぐに気がつき助けあげたので，一命をとりとめたというか，自殺に失敗した後，次のように嘆く。

　　ああ，素性卑しき死神よ，いったいお前はわが意中の人を攫う代わりに，このわたしを殺すだけの充分な力がなかったとでもいうのかね。
　　（中略）
　　王妃さまが，わたしを憎んでおられる素ぶりをされた時に，すぐ死ぬべきであったのだ。王妃さまは理由もなしにあのような素ぶりをされたのではない。それどころか立派な理由があってのことにちがいないのだ。でもわたしにはそれが何なのか分からない。王妃さまの魂が神のみもとに行かれる前に，それが分かっていたなら，王妃さまのお慈悲さえいただけたら，完全にお気のすむようにたっぷりと罪を償ってさし上げたものを。おお神よ，わたしの犯した過ちとはいったい何だったろうか。（同，87-88ページ）

ランスロの嘆きはさらに続く。

　きっと王妃さまは，わたしが荷車に乗ったことを御存じだっ

たのであろう。あの方がわたしを非難されるとしたら，そのことを措いてはない。あれが仇となったのだ。王妃さまがあのことのためにわたしを疎ましいと思うようになられたとしたら，おお神よ，いったいあれがどうして過ちになったのであろうか。あのことでわたしを非難するような者は愛の神をよく知らないのだ。愛の神の意を体した行為ならどんなことでも非難には価しないはずである。それどころか意中の婦人のためにすることは何ごとであれ，愛の行為，雅びごとなのだ。

　（中略）

　あの方のために，愛の神が命ずることはなんでもすることが，わたしには名誉なことと思われたのだから。たといそれが荷車に乗ることであっても。あの方はそれを愛の証と解釈なさるべきだったのだ。（同，88ページ）

恋する騎士ランスロの王妃への想いは繰り返し表現されている。時にはフェティシズムの形態をとる場合もある。ランスロは騎行の途中，泉の縁の石段に落ちていた櫛を見つけ，一緒に騎行している乙女から，その櫛が王妃グニエーヴルのものだと聞いて，櫛を乙女に返す前に，その櫛に残っていた金髪の髪の毛をそっと抜き取って接吻し，それを自分の胸の肌に押しつける。

彼がこの髪を眼で賛美し始めたが，かつてこれほどまでに人間の眼が物を賛仰したことはなかった。彼は何百回，何千回となく髪に触れ，それを眼や口に，はては額や顔に当てるのであった。その喜びの表情は千変万化であった。髪の中に彼の喜びがあり，髪の中で心豊かになるのを感じた。下着と肌の間，胸は心臓の辺りに髪を押し込んだ。彼はそれをエメラルドや紅玉を一杯積み込んだ荷馬車とでも交換

はしなかったであろう。(中略) 件の騎士は王妃の髪を胸に押しつけて忘我の境にあった。(同, 35-36 ページ)

また, ランスロは王妃グニエーヴルの囚われているローグル国でメレアガンと決闘するが, 劣勢になる。そのとき, 多くの見物人のなかに王妃がいるの知り, 勇気百倍になり, 形勢が逆転する。

愛の神がランスロに大いに助勢したので, 勇猛心が沸き起こってきたのである。今彼と闘っている者を憎んでいるほどに, かつて人を憎んだことはなかった。ランスロの相手の死を願うほどの憎しみがあまりにも大きく, それが愛の神の助けと相俟って彼に勇猛心を奮い起させたので, 今やメレアガンにはランスロの打撃が冗談半分どころか, 心底恐ろしくなってきた。彼はこれほどまでに猛り狂った騎士を見たこともなければ, まして渡り合ったこともなかった。かつてメレアガンはこれほどまでに苦戦し, 痛手を被った相手に出会ったことはなかった。(同, 76 ページ)

二人の戦いを見物していたメレアガンの父ボドマギュが息子の劣勢を見て, もはや勝敗は明らかと判断し, グニエーヴルに, ランスロに戦いを止めさせるように言ってくれと頼む。その会話は決闘中のランスロの耳にも聞こえ, ランスロは戦うのを止めた。

ランスロは王妃の言葉を聞いていた。その最後の言葉が彼女の口を離れるや ─ 彼女が「ランスロが剣を振うのを止めさせることを王さまがお望みなら, わたしも賛成いたします」と口にするや, ランスロはどんなことがあっても, たと

え殺される羽目になろうと，メレアガンに指一本触れたり，動き回ったりはしなかったであろう。彼はメレアガンに剣を振うのも，動き回るのも止めてしまった。（同，77ページ）

　このようにランスロは愛するひとの意向に絶対的に服従している。ここでもランスロの行動を支配しているものが，愛する女性への忠誠心であり，愛する心である。

　このようなことばで騎士ランスロとその主君アーサー王の奥方グニエーヴルとの愛が描かれているのが，12世紀後半にフランスで書かれた『ランスロ』という作品である。ランスロは王妃を崇め，まるで主君に対するようなへりくだった態度である。その正直な心情吐露は，荒々しい戦いを旨とする騎士の姿からは想像もつかないくらいである。また王妃の方は，愛する人の死の報せに自責の念を吐露する反面，二人の関係にあっては常にイニシアティヴをとっている。

　作品の中で，一人の男性と一人の女性がこのように描かれている。このような言説を通して，この作品に触れる者に，「完璧な恋人」のあるべき姿が強く印象づけられていったであろう。

　ここには当時のフランス社会，なかんずく宮廷社会の男女の関係の現実がどのように反映されているのであろうか。あるいは反映されていないのであろうか。反映されていない場合にも，作者の想像世界(イマジネール)はどのように形成されていたのであろうか。

　また，誰がこのような作品に接したのであろうか。クレチャンは誰を読者／聴衆として想定して，このような作品を

書いたのであろうか。それは、あまり厳密に限定することには慎重でなければならないとしても、大半は騎士を中心とする貴族階級であったであろう。宮廷内において、朗読を専門とする一人がテクストを手に音読し、その周りを囲んで聞いたのである。聞き手は男女が混ざっている場合もあったであろうが、男性が外で活躍中に、残った女性ばかりで聞くことも少なくなかったであろう。そこで、宮廷および貴族についてみておこう。

(2) 騎士と貴族

　騎士 chevalier（＝馬 cheval に乗っている人）というのは、その名のとおり、馬と武具を所有し、馬による戦闘（騎馬戦）経験とその遂行能力を有する者のことであり、9ないし10世紀以降彼らは軍人貴族 aristocratie militaire を形成していた。伯や城代などカロリンガ朝時代の諸侯、自由地所有者の子孫のほか、騎士が騎士を叙任していたので、自由意志で主従関係を結び臣下となった者などが含まれる。武力を行使して城主や領主に仕えていた。

　やがて騎士叙任の重要性が増し、主従関係が強化され、臣下による忠誠と軍役の奉仕に対する見返りとして、主君による保護と扶養のみでなく、土地（封土）の下賜を含むようになった。こうして11世紀には集団としての自覚が促された。12世紀になると、騎士は単なる職業戦士集団ではなく、社会をリードする高い倫理観をもつ集団と自他ともに認識するようになる。

　他方、社会的身分であった貴族 noble が、13世紀になる

と法的に規定された階級となり，騎士階級と区別されるようになるが，12世紀においては，騎士と貴族の関係は複雑であり，しばしば混同される。例えば公的な生活面における貴族の特権は，武具の所持，封土取得，特別の裁判手続き，私闘権（聖王ルイによって禁止されるまで），特別の税制，などであるが，騎士の特権と重なるものがある。また，貴族の称号は国王によって授与され，最初から世襲であるが，騎士もだんだんと騎士の子弟からのみ騎士に叙任されるようになり，世襲色が強くなっていく。こうして騎士と貴族が区別しにくくなってきた。騎士と貴族が区別しにくくなるということは，別の言い方をすれば，闘う集団としての荒々しく粗野な騎士にとって，高貴さ noblesse や高度な倫理観を備えることが必須になってきたということでもある。

そのことを促したのが後に騎士道と呼ばれるようになる「騎士の理想像」の出現であり，教会の影響力である。騎士の理想像は，武力の論理・慣習と教会の愛と反戦の原理という二つの一見相容れないようにみえる理念の妥協の産物であるということができる。すなわち，キリスト教の教えにかなっている場合以外に剣を抜くことがないようにすること，不倶戴天の敵であっても，人間の生命や尊厳に対して多少の敬意を払い，より慇懃な態度で振る舞うことが要請されるようになってきた。王国や領地の守護と同時に，教会，聖職者，寡婦，弱者の守護が求められた。剣の平打ちによる騎士叙任式，武具の授与，軍旗の祝福など，儀式の壮麗化，記章，紋章の採用による系図，血筋，家柄の重視とともに，徳性や

行いの高貴さなど，精神・倫理的側面も重要視されるようになってきた。

また，騎士の理想像の発展には宮廷における女性の地位の向上も強く関与していたとされる。それは，馬上槍試合において女性が観客として立ち会っていたことにも表れている。貴婦人への奉仕と宮廷風恋愛の観念とが理想的騎士像と分かちがたく結びついたのである。

(3) 宴会と宮廷礼節

宮廷とは，君主を中心に，その家族・親戚をはじめさまざまな役職者およびその奉公人や職人の暮らす場所であると同時にその集団を指す。国王のみでなく大諸侯もそれぞれの宮廷をもっていた。宮廷はそれが存在する領域の中心であり，軍事・行政・司法を統率する機関であると同時に，それらすべての案件について決定をくだす機関でもある。そこでは社会をリードする生き方が追求され，おのずから宮廷外とは異なる文化が栄えていった。そのような物質生活における特権階級化は，宮廷で暮らす人びとのエリート意識をも醸成していった。

宮廷においては，近隣領主との和議，結婚，騎士叙任式など，さまざまな機会に宴会が催された。宮廷外から客人が招かれ，宮廷内の人々も招かれ，日常とは異なる豪華な衣服を身につけ，普段の食事とは異なる贅沢な食事や飲み物が供され，余興も行われた。そういう意味では宴会は，日常生活のリズムにアクセントをつける一種の祝祭的様相も呈していた。客人や臣下に贈り物もなされた。こうして主君が，

さまざまな機会に臣下に対して「気前のよさ largesse」を示すことが，主君たるものの資質 vertus の一つであった。もてなす側はもてなされる側に対して，できるだけ快適な時を過ごしてもらい，満足し幸福感を味わってもらえるようにと配慮する。豪華，華麗，典雅，優雅さが求められ，諸事万端が客人の気に入ってもらえる plaire ようにと努力された。そのもてなされる側への気配り，接待の心得から宮廷風礼節 courtoisie の観念が生まれたのである。そのなかでも特に女性への気配りが重要性を帯びていった。

(4) 宮廷風恋愛 amour courtois

クルトワ courtois というのは「宮廷に関する」ということから「優雅な」という意味も含んでいる。ここから恋愛作法を生み，愛の心理，道徳へと発展していく。すなわち若い騎士が主君の奥方など自分より身分が上の女性を「意中の奥方」と決め，その礼讃を通してその奥方にふさわしい騎士になるよう自己完成を目指し，冒険に挑み，試練に耐え，刻苦勉励するという文学上の一つの理念ができあがったのである。11 世紀に南フランスのトルバドゥールと呼ばれる抒情詩人たちによって始められた，女性を礼賛し，恋の苦しみを詩に歌うという風潮は，12 世紀になって北フランスにもたらされた。これには最古のトルバドゥールと言われるポワチエ伯ギヨーム 9 世（1071-1126）の孫娘であるアリエノール・ダキテーヌ（1122-1204）が 1137 年に，後のフランス王ルイ 7 世と結婚して北フランスに来たことが大きい。北フランスにおいては理想的な宮廷風恋愛(アムール・クルトワ)を求めて，より精緻，より規

範的になり，抒情詩のみでなく物語というジャンルにおいてますます盛んになっていく。

　12世紀末または13世紀初頭には，宮廷風恋愛に関する実用的な規則を集大成した，アンドレ・ル・シャプランの『愛の技法』（ラテン語）のような著作も現れる。一種の恋愛指南書であり，愛するもののとるべき行動指針，「愛の規則」が述べられている。その第6章で次のような規則が列挙されている。

　　1　貪欲を避け，気前のよさを実践すること。
　　2　愛する女性のために純潔に身を保つこと。
　　3　他の人の恋人を，それと知りながら横取りしようなどとしないこと。
　　4　結婚するのが恥ずかしいような女性を恋人として選ばないこと。
　　5　嘘をつかないこと。
　　6　自分の恋をいろいろな人に話さないこと。
　　7　貴婦人たちのあらゆる命令に従うこと。
　　8　恋の慰めを受けるにあたり，つねに慎みを忘れないこと。
　　9　悪口を言わないこと。
　　10　誰のものであれ，恋の秘密を暴露しないこと。
　　11　あらゆることにおいてていねいで雅びやかにふるまうこと，
　　12　恋の奉仕をするにあたって愛する女性の望みの範囲を越えないこと。

　ここにあげられている項目のうち，第6条にある「恋は秘すべし」は男女の恋をめぐる言説のなかで繰り返し現れている。アンドレ・ル・シャプランは『愛の技法』の第8章でも31か条の恋の戒律を示しているが，その第13条でも「秘密が

口外された恋は長続きしない」としている。上の第10条も第6条に共通する内容が含まれている。第6条では，愛し合う二人の当事者間だけで秘密を保たなければならないのに対し，第10条では，他人の恋を知った場合の方に力点がある。しかしいずれの場合も，二人の男女の特別な間柄は普通の男女間の関係と異なり，特別なエネルギーを発散しており，それがすぐに周りの者に感じ取られること，したがって恋を隠しておくことはそれだけいっそう困難であることを証明している。先に紹介したランスロとグニエーヴルの関係は周りの人にも知られており，むしろ周りから好意的に支持されているが，恋の秘密の保持がいかに困難なことか，秘密が漏れることが二人の恋にいかに大きな危機をもたらすかをテーマにした作品も多く書かれている。例えばマリ・ド・フランスの「レー」（短篇物語）の一つ『ランヴァル』（1260～1280頃）がそうである。さらに『ヴェルジ城代夫人』（13世紀半ば）では愛し合う二人のうちの男性の方が恋の秘密を漏らさざるをえない状況に追い込まれ，その結果恋は破局を迎える。

上記の12か条はすべて騎士すなわち男性に与えられた掟である。また同書第8章で示されている31か条の掟も同様である。このように，女と男の関係にあって，宮廷風恋愛では，恋を成就させるために精神的，肉体的な行動規制が求められるのは，つねに男性の側である。第7条には「貴婦人たちのあらゆる命令に従うこと」と明言されており，男性と女性の関係が封建制度における主従関係に擬せられている。そこには宮廷風恋愛における本質がはっきりとことばで表わさ

れている。『ランスロ』において、ランスロがメレアガンと決闘している最中に、愛する王妃グニエーヴルの意ならばと言って、たとえ相手に殺されることになろうとも覚悟の上で、戦うのを止めている。

　秘密保持の掟との関連でみた第10条は、実は第9条と深く関わっている。第9条にあげられている「悪口の禁止」も、理想的な宮廷風恋愛を妨げるものとして、その重要性が繰り返し説かれているものである。トルバドゥールの抒情詩で、恋の破局をもたらす「告げ口をする者 losengier」を警戒するモチーフがしばしば歌われている。

　『愛の技法』には、上記のような恋する騎士の行動指針としての掟のみでなく、恋愛をめぐる男女の具体的な行動例をあげ、それらを「愛の規則」に照らして裁定した、「愛の判例」などもあげてある。いわゆる「恋愛評定 cour d'amour」と呼ばれるものである。現実の社会制度として「恋愛法廷」が存在したわけではないが、貴族社会の女性たち

図1: 愛の園（部分）

を中心とした，クール・ダムールと呼ばれるいくつかのグループが構成され，一種の社交的な娯楽として仮想評定が行われていたことは事実のようである。いずれにせよ，アンドレ・ル・シャプランの『愛の技法』は，騎士たちによって崇められる女性が前提となっており，12世紀における恋愛思想の表現として重要な著作である。

(5) 宮廷風騎士道物語 roman courtois

　騎士がこのような理想や自己錬磨をめざして次々と冒険を求めていくことが主要なテーマとなっているような物語を「宮廷風騎士道物語(ロマン・クルトワ)」と呼ぶ。先に紹介したクレチャン・ド・トロワの『ランスロ(ロマン)』は，そのような物語の一つである。そこに描かれている愛は，現実の宮廷生活のなかにおける礼節尊重，およびその延長としての女性にたいする奉仕の風潮を反映していると考えてよかろう。しかしそれはあくまでも理想の愛の姿であり，文学の世界において色づけされ，誇張された姿でもある。

　宮廷風騎士道物語が生まれたのは，上でみたような社会的・文化的背景のもとにおいてである。その中では冒頭にあげたランスロとグニエーヴルのような男女が描かれ，彼らの口から上に引用したような言説が発せられている。

　現実の社会にあって，若い騎士や騎士見習いは故郷の城を離れて遍歴の旅に出た。戦いに参加したり騎馬試合に出て報償を得たり妻を娶ることもあったようである。彼らは領主にとって重要な戦力であり，領主たちはできるだけ多くの若い騎士を引きつけるために盛大な騎馬試合を催したりしたが，

その場合に領主の奥方をはじめ女性たちも騎馬試合に立ち会ったり,その後の宴会でも大きな役割を演じた。そのような機会に,若い騎士が貴婦人たちに言い寄ることが現実にあったかも知れない。そのような場合,領主はそれを若い騎士を引きつけるための一つの要素として,あえて黙認するようなこともあったであろうと考えられている。すなわち宮廷風騎士道物語に描かれているのに近い場面や会話が実際の宮廷においても存在していた可能性は大いにある。

と同時に文学作品においては現実の反映のみでなく,誇張や理想の姿も描かれており,作品のなかの世界がすべて現実の反映とは言えないということは言うまでもない。しかし,フランス中世の女と男のテーマを考えるとき,宮廷風騎士道物語というあるジャンルの作品群において,騎士と奥方の愛が主要なテーマとなっており,具体的に上でみたような描かれ方をしていることは,注目してもいいことであろう。そのように描くことが,その作品に接する人びとに喜んで受け入れられるであろうと作者が考えたという事実の証しであるからである。

(6) 『ばら物語』前篇

『ばら物語』前篇(1230年頃)を,相手を異性と意識した女と男の視点から読み直すこともできるだろう。

> 作者が20歳のときに見た夢を語るところから物語は始まる。詩人は5月のある朝小川に沿って散歩していると,高い塀に囲まれた果樹園が現われる。その壁には＜憎悪＞,＜不誠実＞,＜邪悪＞,＜貪欲＞,＜吝嗇＞,＜羨望＞,＜悲

嘆＞，＜老い＞，＜にせ信仰＞などの肖像が描かれている。やがてこの庭園の所有者＜歓楽＞の友人＜閑暇＞が，詩人に戸を開けてくれる。青年は中に入り＜歓楽＞のほかに＜歓喜＞，＜礼節＞，＜美＞，＜富＞，＜寛大＞などに取りまかれ，一緒に踊りの輪に加わる。＜甘いまなざし＞などの随員を従えた＜愛の神＞が現われ，青年の陶酔はいやが上にも増す。踊りの後，詩人は庭を見てまわり愛の泉の所にやって来る。その泉の底に光る二つの水晶がこの庭を美しく映している。詩人はその中に，ばら園を認め，その美しさにひかれ入って行く。咲きみだれるばらの中でも，今にも咲き出そうとしている一つの蕾に特に心を奪われ，それに近づこうとする。そのとき＜愛＞（キューピッド）の放った矢に射ぬかれ，＜愛の神＞に仕える僕となり＜恋する男＞となる。＜愛の神＞は10の愛の掟を教える。「恋する男」はめざす「ばら」を囲んでいる垣根を越えることに多少不安を抱いていると，＜礼節＞の息子＜歓待＞が彼を勇気づけ，「ばら」の咲く茂みへと案内する。しかしその「ばら」自身は，＜悪口＞，＜恥辱＞，＜恐怖＞などを従えた＜羞恥＞によって護られていて近づけない。＜恋する男＞が思案にくれていると，＜理性＞が高い塔から降りて来て，男にとって＜愛の神＞に仕えることの害を長々と説くが，＜恋する男＞は＜愛の神＞を捨てようとはせず，＜友人＞の助けを借りて＜羞恥＞をなだめてもらい，さらに＜率直＞と＜憐憫＞に助けられて＜歓待＞に再び案内されることになる。＜歓待＞は最初，＜恋する男＞がその「ばら」の蕾に接吻したいという望みを許可しないが，＜ヴィーナス＞が現われて＜歓待＞に勧め，「恋する男」は遂に「ばら」に接吻する。これを目撃した＜悪口＞が＜嫉妬＞に知らせる。＜嫉妬＞はただちに「ばら」の花壇のまわりに高い城壁をめぐらせ，頑丈な城塞にし，その中に塔を建てさせて＜歓

待＞をその塔の中に閉じ込めてしまう。その城塞は＜差恥＞，＜恥辱＞，＜恐怖＞，＜悪口＞に厳重に護られ，＜歓待＞の閉じ込められている塔は＜老女＞に見張られる。＜恋する男＞は一人とり残され，身に起こった不運を嘆く。

というところで，ギヨームドロリスによる前篇は終わっている。ここではランスロとグニエーヴルというような，一人の特定の男性と特定の女性との間の恋が問題となってはいない。『ばら物語』は一読して明らかなようにアレゴリー文学である。文字通りの意味，表面上の意味のほかに，それらのことばに託された寓意的意味，背後の意味が含まれている。それだけに『ばら物語』はいろいろな読み方が可能である。その一つの代表的な読み方は，「ばら」を恋の対象の女性ととらえ，ひとりの青年が美しい女性を一目見たとたん（ナルシスの泉の場面），青年の心に恋が芽生え，彼女の愛を得ようと努力し悩む姿の物語と読むものであろう。ナルシスの泉の場面に至るまでの果樹園の様子などは，そのような経験に遭遇しやすい思春期の青年の心理描写であろう。そしてその青年の恋い焦がれる心理が第三者の立場からではなく，恋する青年自身の立場から一人称で語られている。ただし，形式的には一人称であるが，その筆の運びは三人称であるかのように冷静で客観的である。寓意的人物群は，恋する二人の男女を取り巻く周囲の人びとであったり，男女の心のなかの葛藤であったり，複雑に揺れ動く心理を代弁している。

　ここで試みる読み方も，上の読み方と大差ないものであるが，＜愛の神＞が青年に与える掟を中心に，女と男の社会

的・精神的関係の視点から読み直してみたい。そうすると，男性が恋する女性を崇拝し奉仕するという，女性を上位においた考え方が読み取れる。

そこにはアンドレ・ル・シャプランの『愛の技法』で述べられていたことに通じるものがある。

＜愛の神＞は2本の弓を持って登場するが，一方は美しい弓，他方は醜くて瘤や節だらけの弓である。そして右手には美しい5本の矢，左手には醜くて悪魔より黒い5本の矢を持っている。フランス語の「右 droite」という語は「正しい，まっすぐな droit」という語に通じるし，「左 gauche」という語は「曲がった，歪んだ，不器用な」という意味もある。

右手に持っている1本目の矢は＜美＞という名であり，2本目は＜純真＞，3本目は＜気高さ＞という名前である。この3本目の矢には＜価値＞という名と＜礼節＞という名の矢羽根が付いている。4本目は＜同伴＞，5本目は＜愛想＞という名前である。これら5本の矢は＜愛の神＞によって実際に放たれ，青年に次々と命中する。その際，3本目の矢は＜礼節＞と説明されている。

左手に持っている1本目の矢は＜傲慢＞という名であり，2本目は＜下賤＞，3本目は＜羞恥＞，4本目は＜絶望＞，5本目は＜心変わり＞という名前である。

右手の矢は恋する青年（男性）が保つべき心構え，全うすべき行動指針であり，左手の矢は避けるべきことがらである。

＜愛の神＞のカロール踊りの輪に加わっている高貴な人び

とは＜美＞，＜富＞，＜鷹揚＞，＜気高さ＞，＜礼節＞，＜閑暇＞，＜若さ＞である。これも恋する人の心構えであり行動指針である。

そして最後に＜愛の神＞はアレゴリーではなく具体的なことばで次のような10の掟を青年に与える。

  第1の掟：＜下賤＞を遠ざけること
  第2の掟：他人について中傷を避けること
  第3の掟：愛想よく礼節をもって人に接すること
  第4の掟：汚い言葉や下品な言葉を避けること
  第5の掟：女性に奉仕すること
  第6の掟：高慢を避けること
  第7の掟：優雅な物腰を身につけること
  第8の掟：快活さを保つこと
  第9の掟：貪欲を避けること
  第10の掟：心を愛に集中させること

第5の掟「女性に奉仕すること」は，先にみたアンドレ・ル・シャプラン『愛の技法』第6章の第7条と同じ内容である。さらに第2の掟「中傷を避けること」も，『愛の技法』の第9条「悪口を言わないこと」と同趣旨である。残りの8つの掟も男性に課せられた行動指針である。これら10の掟が＜愛の神＞から青年に伝えられる前に，青年は＜愛の神＞の放った5本の矢に射抜かれ，完全に打ち負かされ降伏してしまっている。その様子は次のように描写されている。

 するとただちに＜愛＞がわたしの方に向かって，足早にやって来た。こちらに向かいながら，こう叫んだ。「若者よ，おまえは捕らえられた。逃げる術も身を守る術もないのだ。た

めらわずに降伏するがいい。すぐに降伏すれば，それだけ早く慈悲が得られるのだ。奉るべき者，服従しなければならない相手にさからうのは愚か者でしかない。わたしを相手に闘うことはできないし，はっきり教えておくが，暴力に訴えても，自尊心にこだわっても何も得るものはないのだ。わたしが望んでいるのだから，おとなしく，素直に降伏するがいい」そこでわたしはすぐに答えた。「神に誓って申しますが，喜んで降参いたします。決してあなたにさからおうとは思っておりません。いまや身を守ろうとしても，神はお許しになりますまい。理にかなうことでも正しいことでもないからです。わたしをお望みのままになさってください。首を吊られても殺されても仕方ありません。自分で運命を変えるわけにはいかないのはよく承知しております。わたしの命はあなたの手のなかにあるのですから，あなたの意志によらなければ，明日までも生き永らえることはできません。わたしの喜びも健やかさもあなた次第です。わたしを傷つけたあなたの手が，癒してくれないかぎり，他の誰からもそれは得られません。わたしを虜になさろうとなさるまいと，もてあそばされているとは思いません。少しも恨んではいないことをおわかりいただきたいと思います。あなたの評判はこれまで十分にうかがっておりますので，身も心もすべて完全に委ねます。お望みのとおりにしても不平を言う筋はまったくございません。さらにやがてわたしは期待してきた御慈悲をいただけるものと考えております。このような条件でわたしは降伏いたします」こう言ってわたしは彼の足に接吻しようとした。（篠田勝英訳，平凡社，49ページ）

これは＜愛の神＞への絶対的忠誠，＜愛＞を至高なものと考え，恋に狂い，理性を捨てることの表明であるが，＜愛の

神＞を愛しい女性と置き換えて読むことも可能ではないだろうか。すると，上に引用した言葉は，恋する男性が愛する女性に対して絶対的服従を表明した言説となる。しかもそれは現実社会における主従関係の誓いの儀式の形をとっている。すなわち臣下が主君の前でひざまずいて両手を組み合わせて宣誓するのである。

> しかし＜愛の神＞はわたしの手を取り，こう言った。「（中略）おまえ自身のためにもすみやかに臣従の誓いを行なうがよい。（中略）わたしが臣下と見做した者は，礼節をわきまえ，自由な者でなければならない。（中略）」
> そこでわたしは両手を組み合わせて，＜愛＞の臣下となった。（同，50ページ）

先にみたように『ばら物語』では特定のひとりの女性とひとりの男性の愛が描かれているのではなく，「わたし」は恋する男性一般の代表であり，「ばら」はその男性が手に入れたいと欲する女性の抽象的な姿として描かれている。それだけにいっそう宮廷風恋愛の観念が作者にとってどのようなものであったのかを明らかにしてくれる。また，作者が愛をそのように描いているということは，そのような愛の姿が当時の読者／聴衆によって好意的に歓迎されるであろうことを予想し期待していたことの証明でもある。

2．ファブリオおよび中編物語(ヌーヴェル)に描かれた女性

(1) 悪女リシュー

　　修道院を飛び出したリシューは娼婦となり，相手かまわ

ずやりまくり，その結果子供をみごもる。すると，司祭の所に行き，お腹の子はあんたの胤だと言う。司祭は秘密にするようにと言い，5スーを渡す。リシューは続いて騎士のもとに行き，同じ手口で10スー受け取る。次に町人の家に行き，同様にして20スー受け取った。月が満ちて，男の子が生まれた。彼女は今度は，乳母を雇うためにお金が必要だと司祭に迫り，司祭から60スーを巻き上げた。騎士からも60スー，町人から100スー受け取る。彼女が男性からお金を巻き上げようという欲求はそれだけにとどまらない。今度は息子を育てていくのに養育費が必要だと言って，司祭，騎士，町人からさらに多額の金を巻き上げ，リシューの財布は満杯になる。その結果彼女は司祭，騎士，町人らを素寒貧にしてしまった。

　一読して明らかなように，『リシュー』は，先のクレチャン・ド・トロワ作『ランスロ』に描かれている女性および男性像とはまったくかけ離れている。

　夫をだまして浮気する妻，人妻と関係をもつ聖職者など，日常の卑近な現実を題材に，卑猥さや不道徳性に満ちたファブリオが隆盛するのは13世紀であるが，早いものはすでに12世紀後半には現れている。『リシュー』をファブリオの一つと考えることに，特にその形式の面から，異をとなえる研究者もいる。ファブリオは「短い笑話」と言われるように，300〜400行と概して短いものが多いが，『リシュー』は1,315行ある。またほとんどのファブリオは平韻（2行押韻）の詩行が最初から最後まで続いており，詩節に分かれていないが，『リシュー』は詩節によって構成されており，韻も独特であ

る。しかし、少なくともその内容面から言えば、『リシュー』はファブリオに通じるものがあることは否めない。

　リシューは性を武器に行動している。すなわち、生物学的な女として、男を相手に、さまざまな手練手管を弄して、自己の利益を獲得し、満足を得ている。リシューの行っている「男と女の性的関係」は、当時の社会の道徳規範からははずれたものである。相手の男性は、聖職者、騎士、金持ちの町人が男性の代表として個別に扱われているが、「リシューはお上品な人士をたぶらかす、／聖職者たち、騎士たち、町人たちを、／それに百姓までも」（新倉俊一訳『フランス文学集3』白水社、162ページ）とか、「リシューは片端から声をかけて、／男たちを捕まえ、しがみついては、／脅してゆする（中略）／賎しい下民だろうと、下僕だろうと、／騎士見習いだろうと、百姓だろうと、／毟らぬ相手はない」（同、170ページ）とあるので、リシューが相手にしたのはすべての階層の男性ということになる。そのなかで、聖職者、騎士、金持ちの町人が特別に扱われているのは、彼らが社会的な地位があり、「性」を介しての「男と女の関係」を

図 2: 接吻を交わす男女

隠したいという願望が人一倍強いからである。
　と同時に，道徳規範からははずれたものであるにもかかわらず，現実にはそのような男と女の性的関係が広く行われていたということである。そしてそのような関係は，男性の立場からすれば，秘されるべきであり，特に司祭，騎士，金持ち町人にあっては，他人に知られたら，社会的地位や権威の失墜など厄介なことや不利益が生じるのである。すなわち，社会的道徳規範に即した男と女の性的関係と，社会的道徳規範に即さない男と女の性的関係という，性をめぐっての二重性が前提されている。
　リシューに迫られた司祭は自分の過ちを必死で隠そうとする。

　　「リシュー，お前の言うことは信用できない。
　　わしの胤だと，お前はそう思っているのか？
　　まさか，そんなはずが」
　　リシューは答えた ── 「だって本当ですもの。
　　わたし，絶対にいい目をみなくたっていい，
　　黙って殺されたって ──
　　見てのとおり，孕んでお腹が大きくなった
　　そのもとの胤は，あんたがわたしの中に
　　仕込んだのです。
　　（中略）」
　　「リシュー，言うな，
　　（中略）
　　孕んでいることは，できるかぎり隠すのだぞ，
　　それにいよいよ子供が生まれてしまったら，
　　誰でもよい，
　　ほかの男のせいにしてしまえ。神の御加護で，

この先いつだって，わしがお前を助けてやる」
（同，165-166 ページ）

　リシューはまず，子供を身ごもったことを種に，性的関係をもったこと自体を脅しの材料として用い，司祭，騎士，金持ちの町人の三人の男性それぞれに，いわば口止め料を要求する。すべてうまくいったことに味をしめ，実際に子供が生まれると，今度は，乳母を雇うためと称して，三人に

図 3: 愛欲に耽る修道士

個別に交渉する。要求金額は，当然のことながら高くなっている。リシューはそれだけで満足せず，さらに子供の養育費と称して，際限なく要求していく。その結果，三人の男性はいずれも素寒貧になる。

　リシューが要求した金額についてみてみると，最初は，司祭 5 スー，騎士 10 スー，金持ち町人 20 スー，と差があり，額が倍加している。それぞれの階層の一般的な資産状況を反映したものであろう。

　以上のような前提があってはじめて『リシュー』は作品としての価値をもっている。女と男の関係にあって，女性が男性を翻弄するという，いわば女性優位の描き方である。

(2) 『オブレ婆さん』

　金持ちの若者が隣の娘に恋したが，父親に，あの娘はお前とは身分が違う，お前にはもっと金持ちの娘を探してやる，と反対される。娘の父親は彼女をある町人の後妻として嫁がせてしまう。諦めきれない若者を，手練手管に長けた仕立て物を繕う仕事のオブレ婆さんが手引きする。婆さんは若者から上着を預かり，娘の嫁ぎ先の町人の家に行き，町人の留守中にその妻と話し込み，家に上がって，若者から預かった上着の中に針と指ぬきを隠して，それを町人のベッドの掛け布団の下に押し込んだ。市から帰ってきた町人は昼寝をしようとベッドに行き，男ものの上着を見つける。留守中に間男されたものと思って逆上した町人は妻を捕まえ，理由も言わずにいきなり家から追い出す。何が起こったのか分からず途方にくれた妻の所に，それを見張っていたオブレ婆さんが早速現れ，妻を自分の家に連れて帰る。そこへ若者を呼び，町人の妻のいる部屋に入らせ，思いを遂げさせる。オブレ婆さんは真夜中に町人の妻を教会に連れて行き，祭壇の前にひれ伏せさせたままにし，町人の家に行き，罪もない女房をこの真夜中にお籠り勤行をさせるとは何ごとか，と怒鳴り込む。町人は教会に行き，妻が床にひれ伏し，一心に祈っている姿を目の当たりにし，自分が悪かったと謝り，妻を連れて帰る。翌朝，町人が外に出ると，オブレ婆さんがわめいている。町人が，どうしたのかと聞くと，修繕するようにとお客から預かっていた上着を，針と指ぬきを入れたままどこかに忘れて失くしてしまった，見つからなかったら30スーも弁償しなくてはならない，そんな大金などありはしない，と大声でわめく。町人はわが家に帰り，ベッドで見つけた上着の中を調べ，針と指ぬきを見つけ，男ものの上着がベッドにあったのは，妻が留守中に浮気をしたからではなく，オブレ婆さんの忘れ物だったのだと，

事の次第が分かり，にこにこ顔で上着をオブレ婆さんに渡す。かくしてオブレ婆さんは，人妻に懸想していた若者にその思いをとげさせ，若者から 40 リーブルを受け取った。

ここに出てくる若者は，コンピエーニュの町の金持ちの町人の息子であり，見初めた相手の女性は隣に住む貧しい家の娘である。若者はその娘と結婚したいと願うが父親に反対され実現せず，ますます彼女への想いを募らせていた。そこに，女房を亡くした同じ町の町人が，娘の父親にわたりをつけて彼女を後妻としたのである。当時結婚は当事者同士の意志に基づくものではなく，家と家の都合でとり行われていたと言われているが，この作品においてもそのような現実が如実に描かれている。若者の父親は，相手が貧しい家の娘なので息子の結婚に反対し，息子も父親の方針に従わざるを得ない。またその娘を後妻として迎えた町人も，娘の父親にわたりをつけて娘を後妻として迎えており，娘も父親の決定に従っている。

一方，若者が隣の娘を見初めて何としても嫁にしたいと思いつめている様子は，「臣下を支配する愛の神は，／若者を燃え上がらせ煽り立てて，／恋の火花を心に投げ入れたため，／この乙女のことしか念頭にない。」（新倉俊一訳『フランス文学集

図 4: 夫の横で浮気中の裸の妻と恋人

3』白水社，226ページ）と表現されてはいるが，それは精神的なものというより，一般に若者が異性に引かれる欲求の強さを表わしているとみた方がよかろう。ファブリオの作者が，宮廷風騎士道物語にでも出てくるような表現を使うことによって，この作品に宮廷風騎士道物語のパロディ的効果を与えている。オブレ婆さんは，若者が恋焦がれている町人の妻を自分の家の一室に入れた後，若者に向かって，「ちゃんと罠に掛かったよ。明日の今頃まで，お前さんの好きにできるよ」と言うし，彼女のいる部屋に入る前に「騒いだらどうしよう」と心配する若者に，「騒いでも，脇に寝てしまって身体が触れ合ったら，事の次第は変わってゆくよ。すぐに黙るし，好きなように出来るよ」と教えるのである。また若者もそのように行動し，彼女と事を成し遂げて満足している。すなわち，女性が男性の欲望の対象，性の対象としてとらえられているのである。そういう意味では，先の『リシュー』と比べ，女性自身が性を武器として行動しているリシューとは異なるとは言え，女性が男性側から性の対象として扱われているという点では，これら2作品に共通点を指摘できる。

　『リシュー』では性の代償として金銭が関与し，それが大きなモチーフとなっていた。『オブレ婆さん』でも，婆さんは仲をとりもつ報償として若者から40リーブルという大金を手にしている。彼女は仕立て物を繕うという仕事をもっているが，この若者だけでなく，広く男女の仲の取り持ち役というもう一つの仕事ももっていたのであろう。性を提供する女性本人が金銭を受け取るリシューとは異なる形態とは言え，

男性が性的欲求を満たす代償として金銭を支払っているという図式は同じである。極端に言えば，性の商品化である。『リシュー』では金銭は，そのような男女関係を公にしないということの代償，口止め料として支払われている。『オブレ婆さん』では，斡旋料，仲介料であるが，男性が性的快楽の代償として支払う金銭という点では同じである。『オブレ婆さん』の中の若者の場合も，相手の女性はすでに結婚している女性，人妻である。したがってその女性と関係をもつことは，現代風に言えば，不倫ということになる。またその場合，当事者本人と仲介者という違いはあるが，性に関して女性が常にイニシアティヴをとり，男性を手玉にとっているという点でもこれら2作品は共通している。

　文学作品において，性をめぐる女と男の関係がこのように描かれている。その背景には，現実社会においても似たような状況があったと考えてよいであろう。

(3) 『風呂桶』

　商人の女房が亭主の留守中に司祭を家に入れ，隣家の女房から借りた風呂桶に湯を入れて，司祭と一緒に湯につかり楽しんでいた。そこに亭主が三人の商人を連れて帰ってきたと女中から知らされ，女房は大慌てで服を着，湯を庭に流し，風呂桶をひっくり返して，その中に司祭を隠す。亭主は逆さまの風呂桶を見つけ，これに布をかけて急ごしらえの食卓代わりにし，客人と一緒にパンとぶどう酒で食事を始める。そこに隣家の女中が風呂桶を返してもらいにやって来る。困った女房は，路地を歩いていた与太者をつかまえ，お金をやるから「火事だ！」と叫んでくれと頼む。与太

者が叫んだ「火事だ！」の声に，亭主と客人は急いで外に出る。そのすきに，商人の女房は司祭を風呂桶の中から出して，二人ともども難を逃れる。

　ここでは，商人の妻の浮気の相手が司祭となってはいるが，司祭が発言することは一度もなく，湯桶に二人で一緒につかり楽しんでいる様子がたっぷり描かれているわけでもない。いわば浮気の相手は誰でもよかったのであり，その典型として誰もが思い浮かべる人として司祭が選ばれているに過ぎない。しかしそのことは示唆的である。性に関する道徳規範から言えば，聖職者が最も謹厳実直な人とみなされていることと同時に，にもかかわらず現実にはその規範にはずれる司祭も少なからずいたということであり，そのことがファブリオのような作り話の世界において格好の素材として扱われたということである。

　そこに描かれている庶民の生活も，平凡ではあるが鮮やかである。ここでは商人の入浴の場面が描かれており，庶民の入浴習慣と清潔観念が背景にある。二人が一緒に入れるくらい大きな桶に湯をはり，入浴している状景は写本の細密画にも多く描かれている。また，平らな天面のあるものを臨時の食卓として代用する。ここでは逆さまにした風呂桶なので円形または楕円形であり，周りを数人で囲むのに絶好である。布をかけているのは，本来食卓ではないものを食卓の代理品として使用していることを表わしているのみでなく，客人をもてなすための配慮をも表わしている。その卓でぶどう酒を飲み，パンを食べているのも，商人の日常の食事風景の典型

である。このようにファブリオにおいては現実の人びとの生活場面がリアルに描かれている。

　この作品は，浮気する女房（女）とその夫である商人（男）の対決として読むことができる。その間にもう一人，浮気の相手である司祭（男）が介在する。浮気の現場が取り押さえられそうな事態になったとき，イニシアティブをとるのは女であり，一方の男は何らの存在感もない，単なる隠すべき「もの」のような扱いであり，うろたえる様さえ描かれていない。もう一方の男は何も気づかず，ただ飲み食いするだけである。女が次々と機転をきかせて難を逃れ，浮気がばれずに済んだ，ということのみに主眼がおかれている。

(4)『オルレアンの女房』

> オルレアンの町人の女房が亭主の留守を狙って恋人の学僧を家に引き入れる手はずを整えた。そのことを姪から知らされた亭主は，浮気の現場を取り押さえようともくろみ，女房に出かけるとみせかけ，こっそり家に引き返し，恋人になりすまし裏木戸を開けさせる。顔を伏せている恋人の様子がおかしいと気づき，横目でこっそり覗き込んで，夫の芝居だと見抜いた女房はだまされたふりをして，恋人に扮した夫に，家の者に食事をさせている間天井裏で待っておくようにと言いこめて，夫を天井裏に閉じ込める。本当の恋人の学僧がやって来る。女房は彼を寝室で歓待した後，家の者を呼び集め，天井裏の夫に聞こえるように大きな声で，「私に言い寄る不届きな学僧のことはみなよく知っているだろう。今日夫の留守をかぎつけてこの家にやって来たので，彼を天井裏に閉じ込めた。行ってみなで打擲しておくれ」と頼む。みなは言われたとおり天井裏の男を叩きのめす。さ

んざん打ちのめされた亭主はほうほうの態で家から逃れるが，一連のできごとから女房の貞節を納得し，何事もなかったかのように家に帰ってきた。以後亭主は女房を二度と疑うことはなかった。

このファブリオでも妻の浮気の相手は学僧であり，将来聖職者になる可能性のある者である。しかしここでも妻の浮気の相手は重要な役割を果たしていない。主要なテーマは，浮気する女房とそれを疑い，浮気の現場を取り押さえようとする亭主との知恵比べである。ここでは『風呂桶』の場合と違って，亭主は同居の姪からの通報によって，女房の浮気を知っていた。しかも，足しげく通ってくる学僧に疑念を抱き，姪に二人を見張らせたのは，ほかならぬ亭主自身であった。しかし勝利するのは女房の方である。亭主と女房の両方が，相手をぎゃふんと言わせようと芝居をうつが，女房の方が一枚上手であった。

このように，ファブリオのなかに描かれている女と男の関係をみると，つねに女性の方が男性を手玉にとっている。現実には，男性が思う存分振る舞っているので，文学の中であえて現実とは反対に，女性にイニシアティヴをとらせているのか，それとも，現実においても女性の方が一枚上手の場合の方が多いのかは，慎重に検討しなくてはならないであろう。女性が悪の塊のように描かれている場合，男性の作者の女性に対する恐怖感の裏返しの場合もある，ということも考慮しなければならないであろう。特に作者が聖職者の場合，性欲への誘惑の具体的な現れとしての女性という側面もあ

る。その場合には，女性を悪魔ととらえて描くこともあるであろう。ファブリオにおける女性の描かれ方をとおして，中世における女と男に関する，少なくとも作者の意識は垣間見えてくると言えよう。

(5) 『結婚十五の歓び』

　ファブリオの全盛時代から大分くだった1400年頃『結婚十五の歓び』という作品が現れている。中編物語 nouvelles と呼ばれるジャンルに属する。中編物語というのはボッカチオ（1313-1375年）の『デカメロン（十日物語）』(1349-1351年）に代表されるような，ある一定の枠組みの中にいくつかの個別の物語を入れ込んだ形式の作品であり，フランスでは中世後半から16世紀にかけて，『新 百 話 物 語』(1465年），『エプタメロン（七日物語）』（マルグリット・ド・ナヴァール作，1558年）などが書かれている。

　「結婚十五の歓び」というタイトルは「聖母マリアの十五の歓び」Les Quinze joies de Notre Dame という主題を意識したものであり，結婚の歓びが列挙してあるのであろうという印象を与えるが，実際には結婚によって夫婦の生活を営むことはいかに男性の自由を束縛するものであるかがこんこんと説かれているものである。序文においてすでに次のように書かれている。

> 彼らは魚に似ている。大海にあって自由に生きる魚は，好む所を遊泳するが，遊泳するうちに，とある魚梁を見つけ出す。中には魚が何尾も入っているが，いずれも餌の好ましい匂いを嗅ぎつけて，その虜となった連中である。さて，

くだんの魚がこの魚梁を見ると，中に入り込もうと苦心惨憺，その周囲を行き来した挙句に入口を見つけ出し，連中の身の上を安楽なものと思い込んでいるため，己も同じく歓楽と悦楽に浸れるものと考えて，その中に入り込む。さて，いったん中に入ってしまえば，ふたたび出ることはかなわず，しかも，ありとあらゆる歓びと愉しみを見出すはずのその場所で，苦悩と悲嘆に沈むことと相成る。結婚生活に入る人々についてはまさにこれが言える。(新倉俊一訳，岩波文庫，7ページ)

いったん結婚生活を始めたら，そこから出ることができないとして，それを魚梁という巧みな比喩で表わしている。背景には離婚を禁止しているキリスト教の教えがあるであろう。

自由を奪われ，さんざん苦労を味わされるのはつねに男であり，すべての不幸の原因は女にあるとの立場から，以下15の項目にわたって書かれている。第1の歓びは，新婚の妻がきれいな洋服を着たいと望み，夫に迫り，夫はやむを得ず高価な洋服を妻に買ってやらなければならなくなることである。妻がどのように巧みな戦略で夫に迫り，自分の欲望を満たすかが詳細に描かれている。その一端をみてみよう。

若者は，哀れにも今や魚梁の中に納まった。(中略) この妻は，(中略) 先日お祭に出かけたところ，他の奥様方，町方の奥さん連中，その他，自分と同じ身分の女たちが皆，最新流行の衣裳を身に纏っているのに気づいた。すると彼女は，自分もまた，他の人たちなみのよい身なりをするにふさわしいと思う。そこで，この話を夫に切り出す適当な場所と

機会をうかがうのであるが，一体に女たちが心にかかったことを切り出す場合は，もとより夫がもっともこちらのいいなりになりやすく，願いをききとどけてくれそうな場所を選ぶべきであろう。つまりそれは閨^{ねや}であって，そこでは，いま述べたご亭主が，ひたすら歓楽に耽るのを待ちこがれ，他に何もすることがないと思っている。(同，13 ページ)

いつもと様子が違う妻をみて，具合でも悪いのかと問いただす夫をなおもじらせ，そんなにその訳を知りたいと言うなら仕方がないので，というふりをしておもむろに切り出すのである。

「お望みである以上は，申し上げましょう。ご存知のように，先日，私，例のお祭に参りましたが，(中略) とにかく，そこへ参りましたところ，女の人で——それがどんなに取るに足らぬ身分の人にせよ——，この私くらいみすぼらしい身なりをした者は，一人もいなかったのです。(後略)」(同，14 ページ)

他のご婦人がたがどれほど豪華な衣裳を身につけていたかを具体的に細かく聞かされた夫は，とてもそんな高価な服を買うだけのお金はないと言うが，妻はなおも手を変え品を変え，時には涙を流したりして迫り，ついに夫は妻の願いをかなえてやることにする。「朝になると，眠られぬ一夜を明かし，大変な心配事で憔悴し切ったご主人は」借金をしたり，年金を担保に入れたり，父祖伝来の金銀の装身具を売ったりして金の工面をし，「こうして，いろいろやったあげく，奥

方の欲しがったもの一切を手に入れて戻ってくる」（同，21ページ）が，妻は内心を隠して言う。

> 「そのうち，お金を使わせたなどとおっしゃって，私を責めたりなさらないでね。だって，本当は私，どんな服にも，鐚一文かけるつもりはないのですもの。ただ，風邪をひかぬ程度に，暖かくしていられればよいのですわ」
> が，要するに，晴着は出来たわけだし，帯も頭巾もまたしかり，いずれは，諸所方々の教会や踊りの集いで，これを見せびらかすであろう。（同，21ページ）

さて支払いの期限がやってきても，哀れな夫には支払う能力はない。家財は差し押さえられ，買ったばかりの妻の衣裳や装身具も取り上げられる。妻は，引く手あまただったのに，この男のところに嫁いだばっかりにこんな不幸な目に会うと泣き叫ぶ。

> こうして奥方は愚痴不平のありたけを並べる。しかし，自身の世帯の切り廻しよう，晴着や装身具を欲しがったこと，家にいて家政に心をくばるべきであったのに，お祭や婚礼に出かけたことは，まるで反省してみないのだ。いやそれどころか，自分が期成因となっている罪科を，もしかすると係りないかも知れぬのに，すべて哀れな夫のせいにしてしまうが，夫のほうでも，勝負の定めでやんぬるかな，すっかり呆けてしまい，妻に落度のあったことがわからぬ始末。眠りもせず，憩いもせず，如何にしたら妻の心を鎮められよう，借金返済のめどがつけられようと，ただそれのみを心にかける哀れな夫（中略）。こうして，彼はやつれはて，落ちぶれてしまうし，それにこう窮地に追い込まれては，再

起は覚束ないであろうが、この男には、すべてが歓びにほかならぬ。(同、22ページ)

このように、結婚生活における女と男の関係にあって、女性がいかにたくみに男性を操り男性を不幸に落し入れるか、にもかかわらずおめでたい男性はそれを不幸と認識していない、として描かれている。

第2の歓びは、妻がしばしば外出し、男にちやほやされること、時には道を踏み外すこともあるが、夫はそれを歓びだと思っている始末。第3の歓びは、妻が妊娠して夫は至れり尽くせりの世話をする。やがて出産すると千客万来、夫はその接待でへとへと。

このような調子で15の「歓び」をめぐる物語が連ねられている。そして最後に「結論」が付け加えられている。それは次のように始まっている。

> 『結婚十五の歓び』はここに終わるが、これらをあえて歓びとよぶゆえんは、結婚をなせる人人に、上述の事柄をはっきり認知できず、また、彼らのなんとしても、他のありようを望まぬところを見れば、かえってこれらを最大の至福と考えているやに、見受けられるからだ。しかしながら、わたしをして言わしむるなら、かかることどもこそは地上における最大の不幸と考える。また、もし世の女性たちが、わたしの不幸と考える事柄の原因を、男性と女性の双方に求めなかった点、不平不服に思われるならば、なにとぞご寛恕あられたい。通例、上述の事柄は、わたしが述べた通り、一般に男の身に降りかかるものであるとはいえ、すべては女性を讃め称えるためになされ、したがって、わたしは女

性になんの迷惑も及ぼさなかったのではあるが。(中略) し かしながら，およそ結婚した男であれば，いかに賢く，狡 猾で，抜け目がなかろうとも，少なくとも歓びの一つ，あ るいはそのいくつかを味わわずにはすまない――これは確実 に言えることである。(同，174ページ)

結婚生活における女性と男性の関係をこのようにとらえ表現した作者はどのような人物であろうか。作者について詳しいことは分かっておらず，本文から推定するしかないが，作者は聖職者であろうとするものと教養のある俗人とするものと，研究者の間で分かれている。いずれにせよここに描かれている結婚生活における女性と男性の関係のとらえ方が，非常に特殊な個人的なものではなく，当時の実態に照らしてかなり普遍性があり，それだけに多くの人々に共感をもって迎えられたのではないかと思われる。ファブリオとは時代も異なり，ファブリオのような直截的な描き方ではなく逆説的で皮肉に満ちているという差はあるが，男性の立場からの女性のとらえ方としてファブリオに共通するものが多分にあると言えるであろう。

3.『ランスロ』と『リシュー』が同時期

フランス中世文学のなかで男性と女性がどのように描かれているかを，1章では，物語(ロマン)を中心に，2章では，ファブリオを中心にみてきた。1章では，アンドレ・ル・シャプランの『愛の技法』(ラテン語)と『ばら物語』前篇も参考にした。2章では，中編物語『結婚十五の歓び』も参照にした。

1章では，女性が上位に置かれ，崇敬，崇拝の対象となっているような描かれ方をしているのに対し，2章では，女性が悪の権化，女性性悪説に立脚しているとも言えるのような描かれ方をしていた。

　フランス文学史の教科書において，ファブリオは『狐物語』などとともに「町人文学 littérature bourgeoise」に分類される。町人文学と言っても作者が都市民や農民であったというわけではなく，作品のなかに描かれている人物が，それまでの騎士や貴族ではなく，一般の都市民や農民も描かれるようになった作品という意味である。さらにそれまでの武勲詩や宮廷風騎士道物語のように理想の姿が描かれるのではなく，現実生活に即した視点から描かれている作品群のことである。町人文学が盛んになるのは宮廷風騎士道物語よりやや遅れて13世紀とされ，都市の勃興など社会の変化に対応していると説明されている。

　しかし詳しくみると，宮廷風騎士道物語とファブリオとは時期的にかなり重なり合っている。『リシュー』のテクストは13世紀のものであるが（Payen），作品そのものの創作年代は，1159年（Bédier），12世紀最後の4分の1世紀（Varvaro），1189年（Vernet）など諸説が提案されてきた。

　トマの『トリスタンとイズー物語』には，次のような一節がある。トリスタンのことで心を痛めているイズーに対して，侍女ブランジャンがイズーを慰め励ましている場面で，ブランジャンが次のように言っている。

さあ言ってください，王妃イズーさま，
いつからリシューになられた？
質の悪い男を高く持ち上げ，
哀れな女を誑(たぶらか)すあの女の
手練手管をどこで習われた？
（新倉俊一訳，白水社『中世文学集1』，305ページ）

ここでは，「リシュー」という名前が悪女の代名詞として用いられている。すなわち，「リシュー」の話が読者／聴衆によく知られていることが前提となっている。この箇所を伝えているのはDouce写本であり，Douce写本は古文字学的に13世紀のものとされている（Lecoy, CFMA, p.10）ので，上記のリシューへの言及がトマ作の原典（1170〜1173年頃）に最初からあったかどうかは厳密には言えないが，「リシュー」の話は12世紀後半には広く知られていたと思われる。リシューという名前の娼婦あるいは女衒の所業を扱った作品は上で紹介した『リシュー』以外にもあったとされているが，そのことはここでは問題にならない。要するに男をカモにする「リシュー」という名前のしたたかな女性像が巷間に流布していたかどうかが問題なのである。12世紀後半にはそのような「リシュー」像が出来上がっていたと考えて大きな間違いではなかろう。

とすると，先の『ランスロ』を初めとするクレチャン・ド・トロワの諸作品と同じ時代の作品ということになる。このことに関して次の2点について考察したい。(1) 口承文芸と書記テクスト，(2) 文学の場の相違，である。

口承文芸のなかには口承文芸としてのみ伝承されるものもあるが，それが題材として何らかの形で書かれた文学テクストのなかに取り入れられるものもある。後者にあっては，口承伝承と書記テクストの伝承の二種類となるが，口承のテクストは，録音技術の存在しない時代にあっては，実現されると同時に消えていくので，跡づけることは不可能であるのに対し，記録された書記テクストは厳然と存在する。この場合一般には，口承テクストが先行し，書記テクストはそれより遅れて記録または創作されるのが普通である。ファブリオの場合も，文学史では当然のことながら書記テクストのみを扱うが，それらのいくつかは，現存の書記テクスト以前に，それと類似の内容の口承テクストが伝承されていた可能性は否定できない。このことは「リシュー」像についてもあてはまる。

　文学の場というときの「場」は空間的な場のみでなく，時間的場，すなわち機会，および精神的な場，すなわち想像世界(イマジネール)をも含む。そして文学的営為を創造，伝播，受容の局面でとらえると，創造の場，伝播の場，受容の場を含むことになる。宮廷風騎士道物語の文学の場は，ファブリオのそれと多々重なる点があるとしても，異なる点の方が多いであろう。前者にあっては，伝播・受容の場が宮廷であり，社会的場は貴族社会であり，イマジネールも貴族階級のものである。それに対し後者にあっては，それらとほぼ対照的な文学の場を想定してよいであろう。そしてそれら2つは，12世紀後半におけるさまざまな文学の場の一つとして共存していたのであろ

う。貴族階級の者もファブリオを享受したであろう。しかし一般民衆が，少なくとも現在残されているような形の宮廷風騎士道物語のテクストが音読されるのを享受したとは考えにくい。物語（ロマン）における男女をめぐる宮廷風恋愛の言説と，ファブリオの世界における性をめぐる言説とが，文学の場を異にしつつ共存していたのではないかと考えられる。

参考文献

『フランス中世文学集 2』白水社，1991.

『フランス中世文学集 3』白水社，1991.

『結婚十五の歓び』新倉俊一訳，岩波文庫，

『フランス中世滑稽譚』森本英夫・西澤文昭訳，1988.

J. ラフィット＝ウサ『恋愛評定』正木喬訳，白水社（クセジュ文庫），1960.

ジョン・ジェイ・パリ編，アンドレアス・カペルラヌス『宮廷風恋愛の技術』野島秀勝訳，法政大学出版局，1990.

モーリス・ヴァレンシー『恋愛礼讃—中世・ルネサンスにおける愛の形』沓掛良彦／川端康雄訳，法政大学出版局，1995.

松原秀一『西洋の落語』中公文庫，1997.

新倉俊一『フランス中世断章—愛の誕生—』岩波書店，1993.

水野尚『恋愛の誕生—12 世紀文学散歩』京都大学出版会，2006.

H・ダヴァンソン『トゥルバドゥール』新倉俊一訳，筑摩書房，1972.

J・ブーラン他『愛と歌の中世—トゥルバドゥールの世界』小作井伸二訳，白水社，1989.

J・フラピエ『アーサー王物語とクレチャン・ド・トロワ』松村剛訳，朝日出版，1988.

C・S・ルーイス『愛とアレゴリー』玉泉八州男訳，筑摩書房，1972.

E・アウエルバッハ『ミメーシス』上・下，篠田一士・川村二郎訳，筑摩書房，1967.

阿部謹也『西洋中世の男と女』筑摩書房，1991.

阿部謹也『西洋中世の愛と人格』朝日新聞社，1992.

高山博・池上俊一編『宮廷と広場』刀水書房，2002.

J・ブムケ『中世の騎士文化』平尾浩三他訳，白水社，1995.

J・M・ファン・ウインター『騎士』東京書籍，1982.

シドニー・ペインター『フランス騎士道』松柏社，2001.

ジャン・フロリ『中世フランスの騎士』白水社，1998.

Jean Frappier, *Amour courtois et Table ronde*, Droz, 1973.

Jean Frappier, *Autour du Graal*, Droz, 1977.

Jean Frappier, *Etude sur la Mort le roi Artu*, Droz, 1968.

Reto R. Bezzola, *Le sens d'aventure et de l'amour (Chrétien de Troyes)*, Champion, 1968.

Edmond Faral, *Recherches sur les sources latines des contes et romans courtois du Moyen Age*, Champion, 1913.

Michel Stanesco & Michel Zink, *Histoire européenne du roman médiéval — esquisse et perspective*, PUF, 1992.

Claude Buridant (trad.), André le Chapelain, *Traité de l'amour courtois*, Klincksieck, 1974.

Peter Dronke, *Medieval Latin and the Rise of European Love-Lyric*, 2 vols, Oxford University Presse, 1965-66.

Cedric Edward Pickford, *L'évolution du roman arthurien en prose vers la fin du moyen âge*, Nizet, 1960.

Francine Mora-Lebrun, *L'"Enéide" médiéval — la naissance du roman*, PUF, 1994.

図版出典:

Suzanne Comte, *La vie en France au Moyen Age*, Genève (Editions Minerva), 1978-1981.

あとがき

　本書を執筆した5人は，従前から広島大学の大学院文学研究科を中心に研究活動を行ってきた。加えてたまたまヨーロッパ中世という共通の研究対象を持っているところから，数年前に研究会を発足させた経緯がある。以来，互いに異なるそれぞれの分野での研究に従事するいっぽう，共同して領域横断的・分野横断的な，その意味でまさに多元的なヨーロッパ中世研究を行ってきた。

　各人の専攻は，哲学あり，歴史あり，文学あり，語学ありと様々である。歩調を合わせるのはなかなか容易でない。しかし同じ一つの課題を取り上げても，それぞれが全く異なる観点から取り組むことになるために，例会の都度，教えられて目を開くこともしばしばである。文化や思想あるいは言語に多様性があることを，以前にまして強く意識するところに現代社会の特徴が存するとしたら，この体験においてもそのことが象徴的に示されている。

　しかも，「いま・ここ」にいるわれわれにとって「中世ヨーロッパ」を研究対象にすること自体，時間的にも空間的にもだいぶ離れたことをターゲットにしているようであるけれども，実はこの対比を通して，却って反対にわれわれ自身にとっての「いま・ここ」を捉えなおす結果を伴う。その点がわれわれの共同研究の醍醐味である。

　さて今回は「中世ヨーロッパにおける女と男」というテーマを選んだ。昨年11月に，このテーマでシンポジウムを開

催し，参加者諸賢の批判を仰ぎ，研究成果をいっそう高める機会を得た。記して謝意を表する次第である。至らぬところを多々残していることを自覚しつつ，さらに次の課題に取り組んでいる。課題は尽きない。

 2007 年 9 月

水田　実道
山代　英宏
中尾　佳行
地村　彰之
原野　　昇

Women and Men in Medieval Europe
CONTENTS

Preface ·· 1

Thomas Aquinas' 《*Commentary on Song of Songs*》:
Women and Men in *Holy Scripture*
.... M*IZUTA* Hidemi··· 9

Women and Men in Anglo-Norman England
...... Y*AMASHIRO* Hiromichi··· 41

Chaucer's Women and Men in *Legend of Good Women*:
A Focus on Ambiguities in Women
.... Yoshiyuki N*AKAO*··· 75

Women Governing Men in Chaucer's Works: With
Special Reference to Griselda and Wife of Bath
.... Akiyuki J*IMURA*··· 105

Women and Men in Medieval French Literature
.... H*ARANO* Noboru··· 137

Postscript ·· 185

Contents ·· 187

Contributors ·· 188

著者紹介

水田 英実 1946 年生
京都大学大学院文学研究科博士課程単位取得退学, 博士 (文学)
広島大学大学院文学研究科教授
トマス・アクィナス『知性の単一性について―アヴェロエス主義者たちに対する論駁』(中世思想原典集成 14) 平凡社, 1993;『トマス・アクィナスの知性論』創文社, 1998;「『分析論後書注解』におけるトマス・アクィナスの知識論 (3)—*Expositio Libri Posteriorum*, lib.1, lect.3 による」『比較論理学研究』4, 2007.

山代 宏道 1946 年生
広島大学大学院文学研究科博士課程単位取得退学, 博士 (文学)
広島大学大学院文学研究科教授
『ノルマン征服と中世イングランド教会』溪水社, 1996;『危機をめぐる歴史学―西洋史の事例研究―』(編著) 刀水書房, 2002;『中世ヨーロッパの時空間移動』『中世ヨーロッパにおける排除と寛容』『中世ヨーロッパにおける死と生』(各共著) 溪水社, 2004-06;「中世イングランド司教の統治戦略――ハーバート＝ロシンガを中心に――」『広島大学大学院文学研究科論集』66, 2006.

中尾 佳行 1950 年生
広島大学大学院博士課程後期単位取得退学, 博士 (比較社会文化)
広島大学大学院教育学研究科教授
A New Concordance to 'The Canterbury Tales' Based on Blake's Text Edited from the Hengwrt Manuscript (共編著) 大学教育出版, 1994; "A Semantic Note on the Middle English Phrase As He/She That." *NOWELE* 25, Denmark, 1995; "The Semantics of Chaucer's Moot/Moste and Shal/Sholde." *English Corpus Linguistics in Japan*, Amsterdam-New York: Rodopi, 2002;『Chaucer の曖昧性の構造』松柏社, 2004.

地村 彰之 1952 年生
広島大学大学院文学研究科博士課程後期中退, 博士 (文学)
広島大学大学院文学研究科教授
"An Introduction to a Textual Comparison of *Troilus and Criseyde*", *Essays on Old, Middle, Modern English and Old Icelandic*, New York: The Edwin Mellen Press, 2000; *A Comprehensive Textual Comparison of Chaucer's Dream Poetry* (共編著) 大学教育出版, 2002; *Studies in Chaucer's Words and his Narratives*, 溪水社, 2005.

原野 昇 1943 年生
広島大学大学院文学研究科博士課程中退, パリ大学文学博士 (DL)
放送大学客員教授, 広島大学名誉教授
ピエール＝イヴ・バデル著『フランス中世の文学生活』白水社, 1993; ジャック・リバール著『中世の象徴と文学』青山社, 2000;『狐物語』(共訳) 岩波文庫, 2002;『フランス中世の文学』広島大学出版会, 2005; *Le Roman de Renart*, Paris, Livre de Poche (共著), 2005;『フランス中世文学を学ぶ人のために』(編著) 世界思想社, 2007.

著者

水田　英実（みずた　ひでみ）

山代　宏道（やましろ　ひろみち）

中尾　佳行（なかお　よしゆき）

地村　彰之（ぢむら　あきゆき）

原野　　昇（はらの　のぼる）

中世ヨーロッパにおける女と男

平成 19 年 9 月 5 日　発行

著　者　水田　英実
　　　　山代　宏道
　　　　中尾　佳行
　　　　地村　彰之
　　　　原野　　昇
発行所　株式会社　溪 水 社
　　　　広島市中区小町 1 － 4 （〒 730-0041）
　　　　電　話 (082) 246-7907
　　　　Ｆ Ａ Ｘ (082) 246-7876
　　　　E-mail: info@keisui.co.jp

ISBN978-4-87440-984-8　C3098